Rossana Dall'Armellina

in collaborazione con Giuliana Gori, M. Luisa Turolla

giocare con la fonetica

corso di pronuncia con attività e giochi

ALMA

Alma Edizioni - Firenze

Si ringraziano tutti gli studenti de ***Il Centro di Milano*** e di ***ITA2*** di Pavia che hanno partecipato agli incontri di fonetica dandoci la possibilità di valutare l'efficacia delle attività proposte.

Un ringraziamento particolare a "le ragazze" del Centro.

Le parti teoriche sono state curate da Rossana Dall'Armellina.
Le attività e gli esercizi di autoapprendimento sono frutto della collaborazione di Rossana Dall'Armellina, Giuliana Gori e M. Luisa Turolla.

Progetto grafico e impaginazione: **Andrea Caponecchia**

Copertina: **Sergio Segoloni**

Illustrazioni: **M. Luisa Turolla**

Direzione editoriale: **Ciro Massimo Naddeo**

Printed in Italy
www.lacittadina.it

ISBN 88-89237-05-8

Ultima ristampa: novembre 2005

Alma Edizioni
viale dei Cadorna, 44
50129 Firenze
tel ++39 055476644
fax ++39 055473531
info@almaedizioni.it
www.almaedizioni.it

Il presente volume è dedicato a tutti quegli insegnanti di italiano L2 e LS "intimoriti" dalla fonetica che spesso, pur ritenendo di grande utilità lavorare sulla pronuncia con gli studenti, non sanno esattamente *come* e *cosa* proporre durante le lezioni.

Indice

Presentazione

Formazione linguistica e pronuncia

Accompagnare la formazione linguistica degli studenti con nozioni di fonetica nei corsi di Italiano L2 e LS sembra essere un'esigenza sempre più sentita tanto dagli insegnanti quanto dai discenti. È quindi necessario prevedere, sin dalle primissime fasi di apprendimento, attività didattiche che, all'interno del percorso formativo, mirino specificatamente alla sensibilizzazione di studenti stranieri adulti rispetto a suoni (es. la pronuncia del gruppo consonantico *gl+i* o la duplice pronuncia della *s*) e fenomeni fonetici (es. le doppie) diversi o assenti nella lingua di provenienza. Le attività proposte nel testo stimolano lo studente alla riflessione e alla pratica di alcuni argomenti fondamentali della fonetica italiana allo scopo di agevolare lo sviluppo di una pronuncia più consapevole e precisa e di contrastare il fenomeno di fossilizzazione che solitamente si verifica, a livello fonetico, anche in soggetti che hanno raggiunto un alto livello di competenza linguistica.

Metodo comunicativo e attività ludiche

Il principale obiettivo nella stesura del presente materiale è stato quello di realizzare attività che si inserissero in modo concreto e vivace in un contesto di insegnamento-apprendimento comunicativo. L'attività ludica ben si presta a questo genere di scelta formativa: se da un lato infatti abbassa la soglia del filtro affettivo (la richiesta dell'insegnante di cimentarsi nella produzione di suoni nuovi genera solitamente nello studente adulto maggior imbarazzo e reticenza rispetto alla richiesta di gestire altri ambiti della lingua quali il lessico, la grammatica e la sintassi) favorendo l'instaurarsi di un'atmosfera rilassata e piacevole indispensabile all'apprendimento, dall'altro permette all'insegnante di "scomparire" dalla classe agevolando in questo modo autonomia e collaborazione fra gli studenti. Alcune delle attività proposte sono role-play o giochi durante i quali lo studente viene sollecitato a gestire una situazione comunicativa privilegiandone però il punto di vista fonetico: nel caso dell'attività "Al ristorante" (pag. 43), ad esempio, gli studenti, divisi in camerieri e clienti, oltre a chiedere o dare informazioni sui piatti, ordinare o prendere le ordinazioni, protestare o rispondere alle proteste, lavoreranno sulla pronuncia e la scrittura di alcune sequenze di lettere che normalmente creano qualche difficoltà come *gn*, *gl+i*, *sc+i,e*, *c+i,e* *g+i,e* e sulla memorizzazione dei simboli fonetici corrispondenti [ɲ] [ʎ] [ʃ] [ʧ] [ʤ], il tutto in un contesto che non prevede l'intervento dell'insegnante.

Struttura del testo

Il percorso formativo proposto dal testo coinvolge sia lo studente che l'insegnante: oltre alla sezione **Attività** e a quella **Esercizi di autoapprendimento**, rivolte allo studente, l'insegnante troverà una sezione introduttiva (**Introduzione alla fonetica italiana**) dove vengono presentati alcuni concetti fondamentali (es. la differenza fra foni e fonemi, i fattori che intervengono nella produzione dei suoni, la presentazione dei simboli dell'alfabeto fonetico) per farsi un'idea globale della materia e una sezione (**Teoria e spunti di riflessione**), in apertura di ogni capitolo, dedicata a cenni teorici e spunti di riflessione utili per la proposta in classe delle singole attività didattiche.

Vista la sua struttura, il testo si presta ad una doppia consultazione:

orizzontale: le sezioni **Introduzione alla fonetica italiana** e **Teoria e spunti di riflessione** costituiscono un vero e proprio percorso di formazione per gli insegnanti che si vogliano avvicinare o vogliano approfondire lo studio della fonetica (senza prevedere necessariamente la proposta di attività in classe) o per coloro che, prima di presentare la materia agli studenti, preferiscano avere un'idea completa di tutti gli argomenti;

verticale: l'insegnante procede di pari passo con gli studenti in un percorso di avvicinamento o approfondimento degli aspetti fondamentali della fonetica consultando la sezione **Introduzione alla fonetica italiana** e la sezione **Teoria e spunti di riflessione** prima di proporre in classe i vari argomenti attraverso le relative attività didattiche.

Scelta delle attività didattiche

Nella sua concezione globale il testo suggerisce all'insegnante una doppia scelta metodologica:

✓ dedicare una parte della lezione ad esercizi di fonetica scegliendo, tra giochi, role-play, esercizi di completamento ecc., le attività che meglio si adattano alle esigenze della classe;

✓ prevedere, all'interno di un corso, una o più lezioni dedicate interamente alla scoperta e all'approfondimento di un determinato aspetto della pronuncia operando una selezione delle attività di ogni capitolo.

In entrambi i casi si tenga in considerazione che:

- gli argomenti dei vari capitoli sono stati selezionati e ordinati tenendo conto della loro complessità e spendibilità; non è comunque vincolante rispettare tale successione;

- è importante proporre, per ogni capitolo, un'attività di motivazione (M) che stimoli la curiosità dello studente e lo avvicini all'argomento, più alcune attività di riconoscimento e produzione orale o scritta (R-PO/PS) per la pratica dei vari argomenti. L'insegnante può inoltre dedicare alcuni momenti della lezione a considerazioni che servano da introduzione, sintesi o rinforzo scegliendo fra gli spunti di riflessione proposti in apertura dei vari capitoli quelli più adatti alla classe; tale successione permette di dare allo studente un quadro chiaro e strutturato dei temi trattati;

- la nazionalità degli studenti può orientare la scelta delle attività: il testo prevede alcuni esercizi che affrontano problemi specifici legati alla lingua di provenienza del discente contrassegnate nel **Quadro sinottico** dal simbolo *;

- in generale non sono state fornite indicazioni riguardo al livello di difficoltà delle singole attività: spesso infatti tutti gli studenti, anche quelli di livello intermedio o avanzato, sono principianti per quanto concerne lo studio della fonetica; nel suo complesso, comunque, il testo è stato pensato per studenti alle prime armi nello studio dell'italiano;

- spesso sono sufficienti pochi minuti per mettere in moto meccanismi di curiosità e interesse anche verso gli aspetti più sottili della lingua.

Un'ultima considerazione riguarda la possibilità di proporre le attività didattiche del volume in un contesto di lezioni individuali. Sebbene il testo sia stato ideato per un utilizzo con gruppi di studenti, è stata prestata particolare attenzione nel creare esercizi che, senza penalizzare l'omogeneità degli argomenti trattati, soddisfacessero l'esigenza degli insegnanti che lavorano con singoli studenti: tutte le attività che prevedono uno svolgimento individuale o a coppie si prestano naturalmente ad essere usate con singoli studenti; con qualche accorgimento o piccola modifica molte altre attività, nonché tutti gli esercizi di autoapprendimento, possono essere proposti in questo contesto.

Quadro sinottico

	ARGOMENTO	ATTIVITÀ		ABILITÀ	MODALITÀ	DURATA
Capitolo 1	***Rapporto pronuncia-grafia e simboli IPA***	1) Leggi e buttati!	CD	M	Individuale e coppie	5 minuti
		2) Parolombola*		R	Individuale	15 minuti
		3) Pescaparole		R/PS	Gruppetti o coppie	20 minuti
		4) Pescasillabe		R/PO/PS	Gruppetti o coppie	25 minuti
		5) Italia/Itaglia		R/PS	Coppie	15 minuti
		6) Parole impronunciabili		PO/PS	Squadre	15 minuti
		7) L'insalata sbagliata	CD	PO/PS	Coppie	15 minuti
		8) Sillabando		R/PO	Gruppetti o coppie	15 minuti
		9) La città dei suoni		PO	Gruppo classe	15 minuti
		10) Tutti poeti		PS	Individuale	30 minuti
		11) Al ristorante	CD	R/PO/PS	Gruppi	20 minuti
Capitolo 2	***Doppie***	12) In missione		M	Gruppo classe	10 minuti
		13) Disegnare e realizzare le doppie		M/PO	Individuale e coppie	20 minuti
		14) Lo zoo	CD	R/PO/PS	Coppie	15 minuti
		15) Gatto matto	CD	R/PO	Gruppo classe	20 minuti
		16) Clap		PO/R	Gruppo classe	10 minuti
		17) A come... avvitare		PO/PS	Gruppi	10 minuti
		18) Doppiombola		PO/PS/R	Gruppi, individuale e coppie	25 minuti
Capitolo 3	***Suoni a confronto***	19) Partner fonetico*		PO/R/PS	Coppie e individuale	25 minuti
		20) I suoni della S*	CD	R/PO	Indiv., coppie e gruppi	25 minuti
		21) Dillo coi fiori*	CD	R/PO	Individuale e gruppo classe	15 minuti
Capitolo 4	***Vocali***	22) Allo specchio	CD	M	Gruppo classe	5 minuti
		23) Leggere le labbra		PO	Coppie	10 minuti
		24) AAA cercasi...		PS/PO	Squadre	15 minuti
		25) Senza consonanti		PS/PO	Coppie	20 minuti
		26) Svocalizzando		PO	Squadre	15 minuti

Quadro sinottico

ARGOMENTO		ATTIVITÀ		ABILITÀ	MODALITÀ	DURATA
		27) Vocalizzando		PO	Squadre	15 minuti
		28) Proverbi	CD	PS/PO	Gruppi	20 minuti
		29) "i" muta, "i" chiacchierina	CD	R/PO	Individuale e coppie	20 minuti
Capitolo 5	***Accento e unione di sillabe***	30) Papa-papà	CD	R/PO	Coppie	15 minuti
		31) Il dado è tratto		PS/PO	Squadre	15 minuti
		32) Barzelletta nascosta	CD	PS	Squadre	10 minuti
		33) Tre chicchi di moca	CD	M/R	Individuale e coppie	10 minuti
		34) Nené		PS	Gruppi	10 minuti
		35) Unir parlando		R/PO	Gruppo classe	10 minuti
		36) Indianata	CD	R/PO	Gruppo classe	10 minuti
		37) Frasi in coro	CD	PO	Gruppo classe	10 minuti
Capitolo 6	***Intonazione ed enfasi***	38) Domande totali	CD	R	Individuale	10 minuti
		39) Domande parziali	CD	R	Individuale	10 minuti
		40) Agli ordini!		R/PO	Gruppo classe	10 minuti
		41) La porta	CD	PO	Individuale e gruppi	15 minuti
		42) L'acqua		PO	Individuale e gruppi	10 minuti
		43) Eh?	CD	R	Individuale e coppie	15 minuti
		44) Enfatizziamo	CD	R	Individuale e coppie	15 minuti
		45) Concludiamo o continuiamo?	CD	R	Individuale e coppie	15 minuti

* **problematiche specifiche legate alla nazionalità** degli studenti.

M motivazione
R riconoscimento
PO produzione orale
PS produzione scritta

Introduzione alla fonetica italiana

Foni e fonemi

Fra tutti i suoni linguistici che si possono produrre, trasmettere o percepire (oggetto della **fonetica**) i parlanti nativi di ogni lingua ne scelgono sistematicamente alcuni al fine di esprimere significati (oggetto della **fonologia**); i suoni possiedono perciò un duplice carattere: uno concreto, fisico, che si manifesta nel momento in cui un parlante realizza un suono e che prende il nome di **fono**, e l'altro astratto, mentale, che risiede nella mente del parlante e che viene chiamato **fonema**. In italiano la differenza di significato tra le parole *caro* e *calo* è data dalla sostituzione del fonema [r] con il fonema [l]: [r] e [l] sono entrambi fonemi perché hanno una funzione distintiva, sono cioè in grado di cambiare il significato delle parole.

Nelle lingue i fonemi sono in numero minore rispetto ai foni: chiedendo a diversi parlanti italiani di pronunciare la parola *caro* possiamo trovarci di fronte a diverse pronunce della *erre* realizzata, per esempio "moscia", "francese", "siciliana", "veneta", ecc. In questo caso ogni parlante utilizza foni diversi per indicare uno stesso fonema senza per questo dare origine a confusione di significato: nella mente del parlante e dell'interlocutore infatti i diversi suoni vengono percepiti come varianti, sfumature di uno stesso suono astratto. È fondamentalmente grazie a questo principio se riusciamo a capire parlanti italiani che mantengono un forte accento regionale o parlanti stranieri che utilizzano con approssimazione i suoni della nostra lingua.

La distinzione fra fonema e fono sopra citata permette di riflettere sui diversi ambiti di competenza di fonologia e fonetica, parti della linguistica che si occupano entrambe dei suoni della lingua ma che muovono da due punti di osservazione diversi. La fonologia si occupa del sistema fonematico della lingua, si concentra sul valore dei fonemi di una lingua ovvero sulla funzione distintiva che ricoprono nella mente del parlante; la fonetica si interessa alla realizzazione fisica dei foni, ne studia le sfumature e le realizzazioni individuali: interessarsi di fonetica significa, più precisamente, esaminare in che modo i foni vengono prodotti (fonetica articolatoria), trasmessi (fonetica acustica) e recepiti (fonetica percettiva).

Simboli IPA

Nella maggior parte delle lingue le lettere dell'alfabeto non sono sufficienti a rappresentare tutti i suoni del parlato: generalmente infatti i suoni del sistema fonetico di una lingua (foni) sono in numero maggiore rispetto ai grafemi (lettere); da qui l'esigenza di creare dei simboli grafici che traducano i suoni così come vengono effettivamente pronunciati o percepiti. L'IPA (International Phonetic Alphabet) si compone di una serie di simboli che corrispondono ai suoni di varie lingue del mondo; grazie a questo alfabeto è possibile riprodurre graficamente la pronuncia delle parole di una lingua: la trascrizione fonetica consiste precisamente nello scrivere le parole così come vengono pronunciate dal parlante.

Le seguenti tabelle forniscono i simboli IPA del sistema fonetico italiano.

Vocali

suono	*grafema*	*esempio*
[a]	a	**a**rte
[e]	e	**e**leganza
[ɛ]	e	**e**rba
[i]	i	**i**nvito
[o]	o	**o**nda
[ɔ]	o	**o**ggi
[u]	u	**u**niverso

Consonanti

suono	*grafema*	*esempio*
[b]	b	**b**arca
[k]	c	**c**asa, fi**ch**i, Mi**ch**ele,
[ʧ]	c	**c**ibo, **c**era
[d]	d	**d**opo
[f]	f	**f**ilo
[g]	g	**g**ara, **gh**iotto, al**gh**e
[ʤ]	g	**g**iro, a**g**ente
[l]	l	**l**ato
[l̦]	l	fa**l**ce
[ʎ]	gl(i)	fo**gl**io
[m]	m	**m**are
[n]	n	**n**eve
[ŋ]	n	ba**n**ca
[ɱ]	n	i**n**vito
[n̦]	n	ca**n**cello
[ɲ]	gn	se**gn**o
[p]	p	**p**ollo
[kw]	q	**q**uadro
[r]	r	**r**iva
[ɾ]	r	mi**r**a
[s]	s	**s**ale
[z]	s	i**s**ola
[ʃ]	sc(i,e)	fa**sc**e, li**sc**i
[t]	t	**t**avolo
[v]	v	**v**ela
[ʣ]	z	**z**ebra
[ʦ]	z	scien**z**a
[j]	i	**i**ato
[w]	u	**u**ovo

Cenni di fonetica articolatoria

La produzione e la percezione dei suoni e degli **elementi prosodici** dell'italiano costituiscono l'oggetto di riflessione e approfondimento delle attività didattiche presenti nel testo. L'insegnante che voglia proporre in classe materiale atto a migliorare la pronuncia dei singoli suoni deve possedere delle basi teoriche di fonetica articolatoria per poter monitorare in modo proficuo il lavoro degli studenti e procedere a correzioni mirate.

*Organi dell'apparato fono-articolatorio**

0 *labbro* (inferiore)
1 *labbro* (superiore)
2 *denti* (superiori)
3 *alvèoli*
4 *post-alveoli*
3-4 *pre-palato*
5 *palato*
6 *pre-velo*
7 *velo* (del palato)
8 *uvula*
9 *àpice* (o *punta*, della lingua)
10 *lamina* (della lingua)
11 *dorso* (della lingua)
12 *glòttide* (nella laringe)
  1 - = *pliche vocali*
  - 2 = *aritenòidi*
13 *cavità nasale*

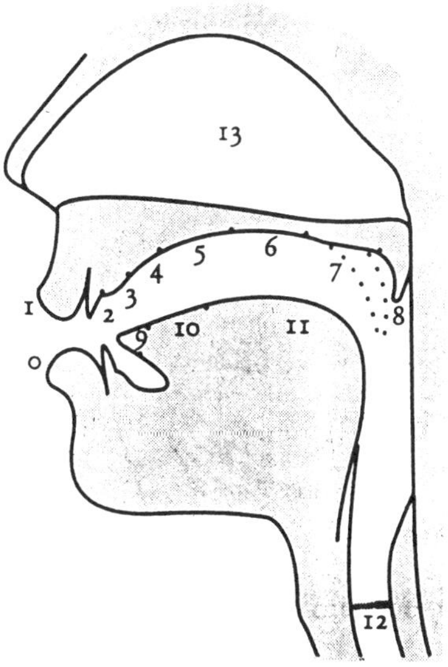

* *Da Canepari L. "Il MaPI, Manuale di Pronuncia Italiana", Zanichelli, Bologna, 1999.*

Per produrre uno dei 28 suoni consonantici dell'italiano il parlante compie simultaneamente tre diverse operazioni:

- crea un punto di contatto fra due organi articolatori, determinando il punto esatto dove nasce il suono (**punto di articolazione**);
- espelle il flusso d'aria che, a seconda degli ostacoli che incontra, fuoriuscirà più o meno liberamente dalla cavità orale o dalla cavità nasale (**modo di articolazione***);
- fa vibrare o meno le corde vocali (tipo di fonazione o **sonorità****).

La seguente tabella*** classifica i suoni consonantici dell'italiano secondo i parametri illustrati sopra.

bilabiali	labiodentali	dentali	alveolari	postalveopalatali	postalveopalatolabiali	palatali	velari	velolabiali	sonorità	
m	[ɱ]		n	[ņ]		ɲ	[ŋ]		+	nasali
p		t					k		-	occlusivi
b		d					g		+	
		ts			tʃ				-	semiocclusivi
		dz			dʒ				+	
		s			ʃ				-	solcati
		z							+	costrittivi
	f								-	
	v								+	non-solcati
						j		w	+	approssimanti
			r						+	vibranti
			[ɾ]						+	vibrati
			l	[ļ]		ʎ			+	laterali

I suoni vocalici dell'italiano vengono prodotti invece senza che il flusso d'aria incontri ostacoli nel suo percorso verso l'esterno. La pronuncia dei suoni vocalici dipende da tre movimenti:

- movimento orizzontale del dorso della lingua
- movimento verticale del dorso della lingua
- movimento delle labbra

Per i suoni vocalici si rimanda alla tabella di pag. 107, Capitolo 4.

Vedi anche **Teoria e spunti di riflessione, Cap. 2 **Doppie**, pag. 52.*

***Vedi anche **Teoria e spunti di riflessione**, Cap. 3 **Suoni a confronto**, pag. 80.*

****Tabella tratta da Costamagna L. "Insegnare e imparare la fonetica", Paravia, Torino, 2000.*

Conoscere il punto, il modo e il tipo di fonazione dei suoni consonantici e i movimenti che lingua e labbra compiono nell'articolazione dei suoni vocalici permette all'insegnante di "vedere" letteralmente all'interno della bocca dello studente e di indicare agli studenti gli aggiustamenti necessari per migliorare e affinare la pronuncia dei suoni incerti.

Glossario

elementi prosodici: elementi del parlato quali l'accento, il ritmo e l'intonazione che determinano l'andamento melodico della lingua.
fonema: rappresentazione astratta di un suono, unità minima distintiva che permette di distinguere fra significati diversi.
fono: suono fisico di una lingua, realizzazione concreta del fonema.
fonetica: ambito della linguistica che si occupa dei suoni fisici di una lingua (ovvero di come vengono prodotti, trasmessi e percepiti) e degli **elementi prosodici** (accento, ritmo, intonazione).
fonologia: ambito della linguistica che si occupa del valore distintivo dei suoni di una lingua.
modo di articolazione: definisce in che modo il flusso dell'aria, passando attraverso l'apparato fono-articolatorio, dà luogo a suoni distinti.
punto di articolazione: punto preciso dell'apparato fono-articolatorio dove viene prodotto il suono.
sonorità (o tipo di fonazione)**:** aspetto costitutivo di alcuni suoni consistente nella vibrazione delle corde vocali.

Capitolo 1

Rapporto pronuncia-grafia e simboli IPA

Teoria e spunti di riflessione

La corrispondenza fra pronuncia e grafia in italiano non è perfetta: 21 **grafemi** e 35 **fonemi**. Sebbene nella maggior parte dei casi ad una lettera corrisponda un suono (e conseguentemente ad una sequenza di lettere corrisponda una sequenza di suoni), alcuni **digrammi** e **trigrammi** assumono un suono autonomo, slegato dai suoni che la sequenza di grafemi suggerisce, generando in tal modo lo scarto che fa lievitare il numero dei suoni rispetto alle lettere (es. gn [ɲ] e non [gn]). Coinvolte in questo fenomeno sono le lettere *c* e *g* nelle sequenze: *ci, ce - chi, che - ca, co, cu - gi, ge - ghi, ghe - ga, go, gu - gn - gli - sci, sce.*
Il rapporto tra pronuncia e grafia varia da lingua a lingua: il fatto che uno stesso trigramma, ad esempio *chi*, sia presente in molte lingue non significa che tutte attribuiscano ad esso lo stesso suono. Gli errori prodotti dall'interferenza della L1 si rivelano frequenti durante le attività di scrittura e lettura e spesso anche in fase di produzione orale. Di seguito sono fornite delle indicazioni riguardo al rapporto fra pronuncia e grafia in diverse lingue:

- la tabella 1 mostra quali fonemi corrispondono ai grafemi *ci, ce, chi, ge*
- la tabella 2 mostra come vengono resi graficamente i fonemi [ʧo] [ki] [ge]

Cap. 1
Pronuncia-grafia
e simboli IPA

▶ teoria
attività
esercizi

Per i simboli del sistema fonetico italiano si rimanda al quadro IPA riportato nella sezione **Introduzione alla fonetica italiana.**
Per i fonemi inesistenti in italiano viene fornito un esempio.

tab. 1

	c+i, ce	*chi*	*ge*
Italiano	[ʧ]	[ki]	[ʤe, ʤɛ]
Spagnolo	[θ]	[ʧi]	[xe]
Spagnolo latino-americano	[s]	[ʧi]	[xe]
Francese	[s]	[ʃi]	[ʒe]
Portoghese	[s]	[ʃi]	[ʤe]
Inglese	[s]	[ʧi]	
Tedesco			[ge]
Turco			[ge]

[x] sp. **ge**melos
[θ] ingl. bo**th**
[ʒ] fr. gara**ge**

tab. 2

	[tʃo]	[ki]	[ge]
Italiano	*cio*	*chi*	*ghe*
Spagnolo	*cho*	*qui*	*gue*
Francese		*qui*	
Portoghese			*gue*
Inglese	*cho*	*ki*	
Tedesco		*ki*	*ge*
Turco	*ço*	*ki*	*ge*

Per concludere, ecco alcuni spunti di riflessione che si potranno proporre agli studenti per valutarne le conoscenze pregresse o per introdurre un argomento e le relative attività:

- Quando vedete scritta una parola italiana, siete sempre sicuri della sua pronuncia?
- In italiano ci sono più suoni o più lettere? È lo stesso nella vostra lingua? (In italiano ci sono più suoni che lettere: 35 suoni - 21 lettere)
- Quali sono le sillabe più difficili per voi?
- Sapete che cos'è l'IPA? (International Phonetic Alphabet = alfabeto fonetico internazionale)
- Conoscete i simboli fonetici? Ve ne ricordate qualcuno in particolare?
- Quando consultate il dizionario, fate attenzione alla trascrizione fonetica?

Glossario

digramma: sequenza di due lettere.
fonema: unità minima distintiva della lingua.
grafema: lettera scritta.
trigramma: sequenza di tre lettere.

1. Leggi e buttati!

Obiettivo *Corretta associazione dei suoni [tʃ] [k] [dʒ] [g] [ɲ] [ʎ] [ʃ] ai digrammi e trigrammi corrispondenti*

Abilità *M*

Modalità *Individuale e coppie*

Materiale *1 riquadro della Scheda per ogni studente*

CD 2

Istruzioni

- Spiegare agli studenti che faranno un'attività di fonetica, utile soprattutto in fase di scrittura e di lettura, che riguarda le sequenze di lettere di difficile interpretazione. Invitare gli studenti ad alzarsi in piedi e a disporsi in cerchio.

- Consegnare un riquadro della Scheda a ogni studente dicendo che il foglio deve rimanere voltato fino a nuova indicazione e che una volta girato bisognerà leggerne il contenuto tutto d'un fiato, senza fermarsi a pensare al significato.

- Contare fino a tre; gli studenti girano il foglio e leggono.

- Dividere gli studenti a coppie e chiedere loro di rileggere insieme il testo allo scopo di decidere la pronuncia delle sequenze "difficili" che contengono c-g-q.

- Segue breve discussione in plenum e poi l'ascolto dal CD del testo (traccia n° 2).

- Alla fine proporre un'attività di riconoscimento e produzione a scelta fra le attività contenute in questo capitolo, come ad esempio ***Pescasillabe*** (R/PO/PS), ***Parole impronunciabili*** (PO/PS), ***Italia/Itaglia*** (R/PS).

Chicchirichì fa il gallo
squittisce lo scoiattolo
la cinciallegra cinguetta
facendo cip, cip, cip
l'asino raglia
il maiale grugnisce

Chicchirichì fa il gallo
squittisce lo scoiattolo
la cinciallegra cinguetta
facendo cip, cip, cip
l'asino raglia
il maiale grugnisce

Chicchirichì fa il gallo
squittisce lo scoiattolo
la cinciallegra cinguetta
facendo cip, cip, cip
l'asino raglia
il maiale grugnisce

Chicchirichì fa il gallo
squittisce lo scoiattolo
la cinciallegra cinguetta
facendo cip, cip, cip
l'asino raglia
il maiale grugnisce

Chicchirichì fa il gallo
squittisce lo scoiattolo
la cinciallegra cinguetta
facendo cip, cip, cip
l'asino raglia
il maiale grugnisce

Chicchirichì fa il gallo
squittisce lo scoiattolo
la cinciallegra cinguetta
facendo cip, cip, cip
l'asino raglia
il maiale grugnisce

Chicchirichì fa il gallo
squittisce lo scoiattolo
la cinciallegra cinguetta
facendo cip, cip, cip
l'asino raglia
il maiale grugnisce

Chicchirichì fa il gallo
squittisce lo scoiattolo
la cinciallegra cinguetta
facendo cip, cip, cip
l'asino raglia
il maiale grugnisce

2. Parolombola

Obiettivo *Corretta associazione dei suoni [ʧ] [k] [ʤ] [g] [ɲ] [ʎ] [ʃ] ai digrammi e trigrammi corrispondenti*

Abilità *R*

Modalità *Individuale*

Materiale *9 cartelle della tombola (Scheda A); 1 set di 30 cartoncini con parole appartenenti all'area semantica "cibo" (Scheda B); un sacchetto; fagioli secchi*

Istruzioni

- Spiegare agli studenti che faranno un'attività di fonetica, utile per la scrittura e la lettura, che riguarda le sequenze di lettere di difficile interpretazione.

- Distribuire una cartella ad ogni studente e lasciare un paio di minuti affinché gli studenti possano controllare le sillabe riportate sulla cartella. Nel caso gli studenti siano più di 9 assegnare una cartella a ogni coppia o gruppetto di studenti; nel caso di classi monolingua è possibile assegnare le cartelle in modo casuale.

- Dopo aver ritagliato e messo i cartoncini della Scheda B in un sacchetto, estrarne uno per volta e leggere la parola riportata.

- Gli studenti che hanno sulla propria cartella la sillaba presente nella parola letta dall'insegnante, la coprono con un fagiolo. Vince chi per primo copre tutte le sillabe della propria cartella.

- Terminare controllando che le sillabe coperte siano effettivamente quelle contenute nelle parole lette.

	schia	gia		ge
	ga	scio	chia	qui
che	ci	scia	gue	ce

studenti ispanofoni e lusofoni

ce		gia		scia
gue	go	ge	chia	qui
che	ci		schia	scio

studenti ispanofoni e lusofoni

ce	gu	gia	scio	scia
gue		che		ge
	ci	qui	schia	chia

studenti ispanofoni e lusofoni

che	chio	gia	scio	scia
gue		ce		ge
	gi	qui	schia	cio

studenti anglofoni, germanofoni, turchi

qui	chio		schia	ce
gue	che		scia	ge
	giu	scio	cio	gia

studenti anglofoni, germanofoni, turchi

qui liquido al sangue
Radicchio Pesche Aggiustare
Sanplere
Mischiare Besciamella Narcio
Arancia gelato Parmigiano

cio	chio		scia	gue
che	scio	gio	ge	ce
	qui	schia	gia	

studenti anglofoni, germanofoni, turchi

che	co		ci	qui
	ge	schia	sco	gio
scio	gue		ce	chio

studenti francofoni

chio		gio	ci	gue
che	ge	schia	ce	qui
scio	sco		ca	

studenti francofoni

	schia	gio		ge
che		scio	ce	qui
chio	sco	ci	gue	que

studenti francofoni

besciamella	taleggio	gelato
legumi	liquido	aggiustare
tabasco	sgombro	amalgamare
fichi	aringhe	funghi
cipolla	camomilla	al sangue
scalogno	parmigiano	radicchio
lumache	sciogliere	arance
marcio	coprire	asparagi
chiara d'uovo	pesche	mischiare
gorgonzola	pastasciutta	cucinare

3. Pescaparole

Obiettivo *Corretta associazione dei suoni [ʧ] [k] [ʤ] [g] [ɲ] [ʎ] [ʃ] ai digrammi e trigrammi corrispondenti*

Abilità *R/PS*

Modalità *Gruppetti o coppie*

Materiale *1 set di 44 cartoncini con sillabe per ogni gruppetto o coppia di studenti (Scheda A); 1 set di 40 carte con parole per l'insegnante (Scheda B).*

Cap. 1
Pronuncia-grafia
e simboli IPA
teoria
▶attività
esercizi

Istruzioni

- Spiegare agli studenti che faranno un'attività di fonetica, utile per la scrittura e la lettura, che riguarda le sequenze di lettere di difficile interpretazione.

- Dividere gli studenti in piccoli gruppi (o in coppie) e distribuire ad ogni gruppetto un set di cartoncini recanti le sillabe "difficili" (Scheda A). I cartoncini devono essere distribuiti in ordine casuale. È consigliabile creare set di colori diversi.

- Chiedere agli studenti di dividere le sillabe secondo un criterio che saranno loro a stabilire; eventualmente suggerire di fare attenzione ai suoni, ma non aggiungere altre indicazioni.

- Una volta che gli studenti avranno sistemato i cartoncini, spiegare loro che leggerete una serie di parole contenenti sillabe con *c-g* (le parole della Scheda B); gli studenti devono estrarre dal proprio set di cartoncini la sillaba che hanno sentito e mostrarla alla classe affinché sia possibile il controllo. A discrezione l'insegnante può mostrare la parola per confermare la scelta degli studenti o mostrarla solo in caso di errori.

- Si può concludere l'attività con una breve produzione scritta nella quale ogni studente deve scrivere un piccolo testo usando cinque o sei parole precedentemente assegnategli a caso dall'insegnante.

CIA	CI	CIU	CE	CIO
CA	CHI	CU	CHE	CO
SCIA	SCIU	SCI	SCE	SCIO
SCA	SCHI	SCU	SCHE	SCO
GA	GHI	GU	GHE	GO
GIA	GI	GIU	GE	GIO
GLIA	GLI	GLIU	GLIE	GLIO
GNA	GNI	GNU	GNE	GNO
QUA	QUI	QUE	QUO	

riccio	panca
inchino	ricurvo
tenacia	bisticci
tracce	ciuffo
antiche	spiritico
agiato	ginepro
giungla	pungere
giostra	margarina
ghiro	anguria
alghe	magone

fa**scia**re	cre**sci**ta
sciupare	a**sce**ta
sciopero	va**sca**
te**schi**	**scu**deria
ma**sche**re	**sco**prire
a**qui**la	**quo**ta
quesito	soq**qua**dro
ra**gna**tela	pa**glia**
pa**gliu**zza	tova**glio**lo
cavi**glie**	sona**gli**

4. Pescasillabe

Obiettivo *Corretta associazione dei suoni [ʧ] [k] [ʤ] [g] [ɲ] [ʎ] [ʃ] ai digrammi e trigrammi corrispondenti*

Abilità *R/PO/PS*

Modalità *Gruppetti o coppie*

Materiale *1 set di 44 cartoncini dell'attività* ***Pescaparole*** *per ogni gruppetto o coppia di studenti (Scheda A); clessidra o orologio*

Istruzioni

- Spiegare agli studenti che faranno un'attività di fonetica, utile per la scrittura e la lettura, che riguarda le sequenze di lettere di difficile interpretazione.

- Dividere gli studenti in piccoli gruppi (o in coppie) e distribuire ad ogni gruppetto (o coppia) un set di 44 cartoncini recanti le sillabe "difficili" (Scheda A dell'attività **Pescaparole**). È consigliabile creare set di colori diversi. Le carte devono essere in ordine casuale.

- Chiedere agli studenti di dividere le sillabe secondo un criterio che saranno loro a stabilire. Eventualmente suggerire di fare attenzione ai suoni, ma non aggiungere altre indicazioni.

- Terminata questa fase, chiedere ad ogni gruppetto (o coppia) di mischiare tutti i cartoncini del proprio mazzetto e di dividerli fra i componenti del gruppo, in modo che ogni studente abbia un suo mazzetto di carte.

- Invitare a questo punto tutti gli studenti ad alzarsi in piedi e a disporsi in cerchio.

- A turno ogni studente estrae un cartoncino dal proprio mazzetto, legge ad alta voce la sillaba riportata e la mostra ai compagni che controllano e correggono eventuali errori.

- Una volta che ciascuno studente ha pronunciato quattro o cinque sillabe procedere all'ultima fase dell'attività.

- Ritirare i cartoncini e dividere la classe in due squadre.

- Pronunciare un suono scegliendo fra [ʧ] [ʤ] [g] [k] [ɲ] [ʎ] [ʃ]. In un minuto i componenti delle due squadre devono trovare 5 parole che contengano il suono in questione.

- Allo scadere del minuto chiamare alla lavagna un portavoce per ogni squadra (è l'insegnante a scegliere il portavoce, non la squadra) e far scrivere le parole trovate.

- Attribuire un punto per ogni parola scritta correttamente e passare ad un altro suono.

5. Italia/Itaglia

Obiettivo *Corretta associazione dei suoni [ʧ] [k] [ʤ] [g] [ɲ] [ʎ] [ʃ] ai digrammi e trigrammi corrispondenti*

Abilità *R/PS*

Modalità *Coppie*

Materiale *Una cartina dell'Italia per ogni coppia di studenti (Scheda A1); 1 set di 26 cartoncini con località italiane per l'insegnante (Scheda B); un sacchetto*

Istruzioni

- Spiegare agli studenti che faranno un'attività di fonetica, utile per la scrittura e la lettura, che riguarda le sequenze di lettere di difficile interpretazione.

- Dividere gli studenti in coppie e consegnare ad ogni coppia una cartina dell'Italia (Scheda A).

- Dopo aver ritagliato e messo i cartoncini della Scheda B in un sacchetto, estrarne uno per volta e leggere la località riportata. Gli studenti devono completare gli spazi sulla cartina aiutandosi con le sillabe riportate.

- È possibile effettuare un controllo in plenum chiedendo agli studenti in che regioni si trovano le varie località.

  Es. Ins. Dove si trova Cagliari?
  Stud. In Sardegna

- Le soluzioni si trovano nella Scheda A2.

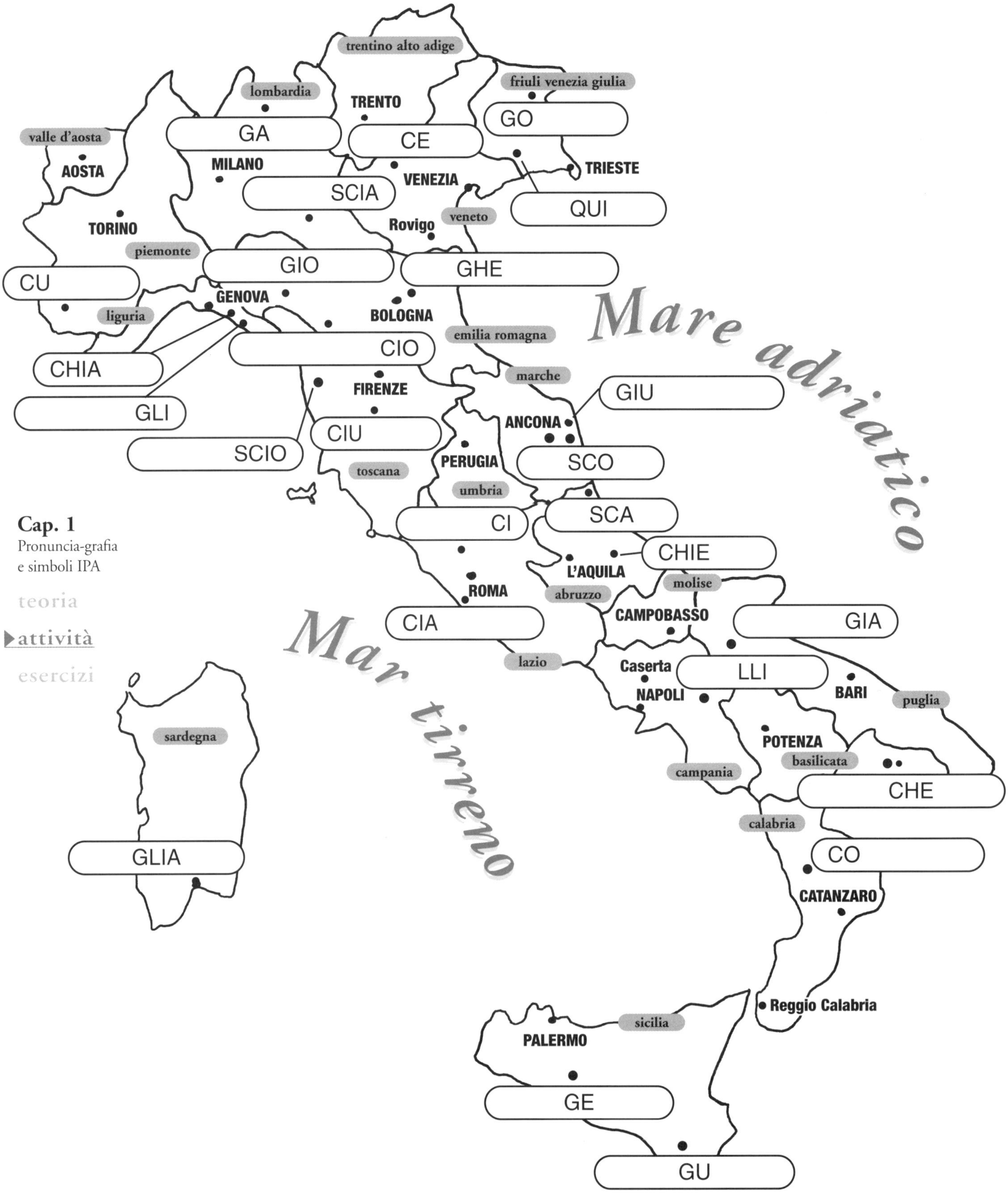

Cap. 1
Pronuncia-grafia
e simboli IPA

teoria

▶attività

esercizi

Scheda A2

Scheda B

Aquilèia	Cúneo	Camògli
Cosènza	Giulianòva	Àscoli
Ciampìno	Càgliari	Gorízia
Bréscia	Gherghenzàno	Ragùsa
Chiàvari	Règgio Emìlia	Fòggia
Altopàscio	Vicènza	Chièti
Vùlci	Roncobilàccio	Pescàra
Ìsole Chèradi	Ciufénna	Bèrgamo
Agrigènto	Avellìno	

6. Parole impronunciabili

Obiettivo *Corretta associazione dei suoni [ʧ] [k] [ʤ] [g] [ɲ] [ʎ] [ʃ] ai digrammi e trigrammi corrispondenti*

Abilità *PO/PS*

Modalità *Squadre*

Materiale *1 set di 44 cartoncini dell'attività* ***Pescaparole*** *(Scheda A) per ogni squadra; fogli bianchi*

Cap. 1
Pronuncia-grafia
e simboli IPA
teoria
▶attività
esercizi

Istruzioni

- Spiegare agli studenti che faranno un'attività di fonetica, utile per la scrittura e la lettura, che riguarda le sequenze di lettere di difficile interpretazione.

- Dividere gli studenti in squadre di tre o quattro studenti e consegnare a ciascuna squadra un set di cartoncini (Scheda A dell'attività ***Pescaparole***).

- A turno ogni squadra dovrà comporre una parola di 3 sillabe scegliendo fra quelle ritenute più difficili. È importante specificare agli studenti che la parola non dovrà avere senso compiuto ma dovrà essere una parola inventata. Fare un esempio.

Es. **GLIESCIOGI**

- Una volta creata la parola "impronunciabile" ogni componente della squadra la memorizza e, a turno, senza mostrarla agli avversari, la pronuncia ad alta voce. Per la riuscita del gioco è essenziale che la parola impronunciabile sia pronunciata come una parola unica e non come una sequenza di sillabe, invitare perciò gli studenti a decidere quale sillaba ha l'accento e a pronunciarla più volte a bassa voce finché non saranno in grado di dirla in modo fluido e senza doverla leggere.

- La squadra avversaria ha il compito di scrivere la parola impronunciabile ma solo dopo che tutti i componenti dell'altra squadra l'hanno pronunciata. Non si tratta quindi di scrivere sotto dettatura ma scrivere ciò che si ricorda della sequenza ascoltata. Segue un controllo ed eventualmente l'attribuzione dei punti: per ogni parola scritta correttamente la squadra guadagna un punto.

- Il gioco viene ripetuto aumentando ad ogni giro il numero di sillabe previste per la parola impronunciabile. È meglio evitare di superare le cinque sillabe, eventualmente fare un paio di giri mantenendo inalterato il numero di sillabe.

L'attività può essere svolta anche a coppie; in questo caso adeguare il numero dei set di cartoncini al numero delle coppie e far ripetere un paio di volte a testa la parola impronunciabile.

7. L'insalata sbagliata

Obiettivo *Corretta associazione dei suoni [ʧ] [k] [ʤ] [g] [ɲ] [ʎ] [ʃ] ai digrammi e trigrammi corrispondenti*

Abilità *PO/PS*

Modalità *Coppie*

Materiale *1 Testo A e 1 Testo B per ogni coppia di studenti*

CD 3

Istruzioni

- Spiegare agli studenti che faranno un'attività di fonetica, utile per la scrittura e la lettura, che riguarda le sequenze di lettere di difficile interpretazione.

- Dividere gli studenti in coppie e consegnare ad un componente della coppia il Testo A e all'altro il Testo B. Gli studenti non possono mostrare il proprio testo al compagno.

- L'attività consiste in un dettato in coppia: a turno uno studente detta e l'altro scrive. Ogni studente ha quindi due compiti:

    - leggere le strofe scritte in neretto (in modo da dettare al compagno le sillabe mancanti)
    - scrivere le sillabe mancanti (mentre il compagno legge)

- Una volta riempiti gli spazi vuoti con le sillabe "difficili" gli studenti possono procedere al controllo confrontando le due versioni del testo.

- L'attività può essere svolta anche con il CD (traccia n° 3). In questo caso gli studenti procederanno ad un primo ascolto per completare gli spazi vuoti con le sillabe mancanti e ad un secondo ascolto per un primo controllo di quanto prodotto.

- Concludere con un controllo finale a coppie (uno studente Testo A e uno studente Testo B).

Cap. 1
Pronuncia-grafia e simboli IPA
teoria
attività
esercizi

Leggi

Scrivi

L'insalata sbagliata

Il professor Grammati___s
entrò nel ristorante
e ordinò al ___meriere
un'insalata abbondante.

Metteteci l'indivia,
la lattuga, la riccetta,
il sedano, la cicoria,
due foglie di ruchetta,

un mezzo pomodoro,
___polla se ___ n'è:
portate l'olio e il sale,
la ___ndirò da me.

E il bravo professore,
con la forchetta in mano,
si accingeva a gustare
il pranzo vegetariano.

Ma tutta la sua delizia
fin dal primo bo___ne
si mutò in una smorfia
di disperazione.

Guardò meglio nell'ampolla
dell'olio e inorridì:
gli avevano servito un "OGLIO"con la "G".

Offeso e dis___stato
fu___ dalla trattoria:
sono un pessimo ___ndimento
__ errori di ortografia.

(da Gianni Rodari "Il libro degli errori", Einaudi, Torino, 1964)

Scrivi

L'insalata sba___ata

Mettete___ l'indivia,
la lattu___, la ri____tta,
il sedano, la ___ ___ria,
due foglie di ru____tta,

E il bravo professore,
con la for ___ tta in mano,
si a___n ___va a ___stare
il pranzo ve___tariano.

Guardò me____o nell'ampolla
dell'olio e inorridì:
_____ avevano servito un "O ___ O" ___n la "G".

Leggi

Il professor Grammaticus
entrò nel ristorante
e ordinò al cameriere
un'insalata abbondante.

un mezzo pomodoro,
cipolla se ce n'è:
portate l'olio e il sale,
la condirò da me.

Ma tutta la sua delizia
fin dal primo boccone
si mutò in una smorfia
di disperazione.

Offeso e disgustato
fuggì dalla trattoria:
sono un pessimo condimento
gli errori di ortografia.

(da Gianni Rodari "Il libro degli errori", Einaudi, Torino, 1964)

8. Sillabando

Obiettivo *Presentazione di alcuni simboli fonetici [ʧ] [k] [ʤ] [g] [ɲ] [ʎ] [ʃ]*
Abilità *R/PO*
Modalità *Gruppetti o coppie*
Materiale *1 set di carte fronte/retro (sillaba/trascrizione fonetica) della Scheda; 1 sacchetto per ogni gruppetto*

Cap. 1
Pronuncia-grafia e simboli IPA
teoria
▸attività
esercizi

Istruzioni

- Spiegare agli studenti che faranno un'attività di fonetica, che consiste nella presentazione di alcuni simboli fonetici utili per pensare in termini di suoni e non di lettere. Questi simboli saranno inoltre utili per una più agevole consultazione dei dizionari che prevedono, nelle versioni moderne, la trascrizione fonetica dei vocaboli.

- Dividere gli studenti in gruppetti e consegnare a ogni gruppetto un sacchetto contenente le carte della Scheda.

- Gli studenti si siedono in piccoli cerchi; a turno pescano una carta, la sollevano (in modo che possano leggere un lato e i compagni possano leggere il retro) e pronunciano la sillaba riportata, indipendentemente dal fatto che sia scritta in lettere o in caratteri fonetici. Il controllo avviene automaticamente.

L'attività può essere svolta anche a coppie; in questo caso adeguare il numero dei set di cartoncini al numero delle coppie.

Variante

- La variante si svolge secondo le modalità descritte sopra; invece che leggere le sillabe gli studenti devono però dire una parola di senso compiuto che contenga la sillaba in questione.

CIA	CI	CIU	CE	CIO
CA	CHI	CU	CHE	CO
SCIA	SCI	SCIU	SCE	SCIO
SCA	SCHI	SCU	SCHE	SCO
GA	GHI	GU	GHE	GO
GIA	GI	GIU	GE	GIO
GLIA	GLI	GLIU	GLIE	GLIO
GNA	GNI	GNU	GNE	GNO
QUA	QUI	QUE	QUO	

[ʧɔ]	[ʧe]	[ʧu]	[ʧi]	[ʧa]
[kɔ]	[ke]	[ku]	[ki]	[ka]
[ʃɔ]	[ʃe]	[ʃu]	[ʃi]	[ʃa]
[skɔ]	[ske]	[sku]	[ski]	[ska]
[gɔ]	[ge]	[gu]	[gi]	[ga]
[ʤɔ]	[ʤe]	[ʤu]	[ʤi]	[ʤa]
[ʎɔ]	[ʎe]	[ʎu]	[ʎi]	[ʎa]
[ɲɔ]	[ɲe]	[ɲu]	[ɲi]	[ɲa]
	[kwɔ]	[kwe]	[kwi]	[kwa]

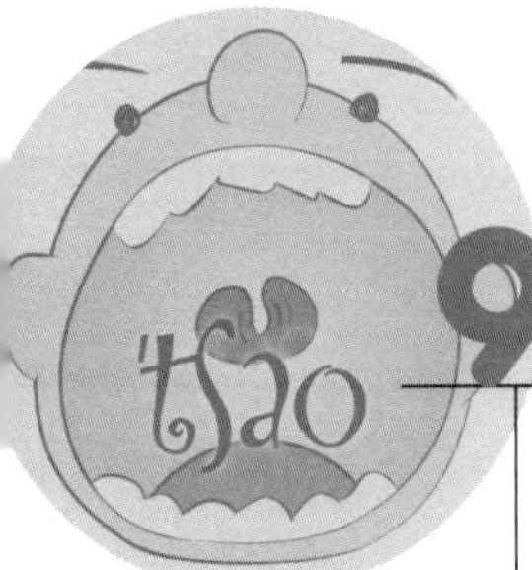

9. La città dei suoni

Obiettivo *Presentazione di alcuni simboli fonetici [ʧ] [k] [ʤ] [g] [ɲ] [ʎ] [ʃ]*
Abilità *PO*
Modalità *Gruppo classe*
Materiale *Nessuno*

Istruzioni

- Spiegare agli studenti che faranno un'attività di fonetica, che consiste nella presentazione di alcuni simboli fonetici utili per pensare in termini di suoni e non di lettere. Questi simboli saranno inoltre utili per una più agevole consultazione dei dizionari che prevedono, nelle versioni moderne, la trascrizione fonetica dei vocaboli.

- Invitare gli studenti a riporre tutto ciò che hanno intorno e a disporsi in cerchio.

- Dire agli studenti di chiudere gli occhi e creare una cornice all'attività raccontando quanto segue:

Ieri sera è successa una cosa molto strana, avete vissuto un'esperienza incredibile e divertente. Siete andati al cinema e quando siete usciti avete trovato una città completamente trasformata, così diversa e strabiliante che non potevate credere ai vostri occhi. Le strade si erano riempite di persone, cose, animali, piante, colori, emozioni che avevano una caratteristica ben precisa: erano tutte parole contenenti un certo suono.

Pronunciare il suono su cui si vuole portare l'attenzione degli studenti tre o quattro volte lasciando qualche secondo fra una ripetizione e l'altra in modo che gli studenti che lo desiderano possano pronunciare, riflettere, ascoltare i compagni. Continuare il racconto facendo qualche esempio di quello che è stato possibile vedere (di seguito forniamo una possibile continuazione ipotizzando di lavorare sul suono [ʤ]).

C'erano un enorme gelato volante, un vigile a testa in giù, un ginocchio di gesso, molti gioielli al collo di tutte le signore, una musica gialla e tanta gentilezza. Tenete gli occhi chiusi ancora per qualche istante e immaginate che cosa avete visto all'uscita del cinema: possono essere cose vere, come i gioielli, o inventate, come musica gialla, l'importante è che contengano il suono in questione; prendetevi tempo per pensare a una o più frasi, o a una o più parole, e quando sapete cosa dire riaprite gli occhi.

- Ogni studente comunica ai compagni ciò a cui ha pensato. Una volta che tutti gli studenti si sono espressi, presentare il simbolo fonetico corrispondente al suono in questione scrivendolo alla lavagna.

- L'attività si conclude con una sfida:
  - dividere gli studenti in due squadre e consegnare a ogni squadra carta e penna;
  - ogni squadra ha qualche minuto per ricordare e scrivere su un foglio le parole dette nella fase precedente sia dai componenti della propria squadra che da quelli della squadra avversaria;
  - segue lettura delle parole con conferma o smentita da parte degli avversari.

- Vince la squadra che ricorda il maggior numero di parole precedentemente dette dalla squadra avversaria.

10. Tutti poeti

Obiettivo *Presentazione di alcuni simboli fonetici [ʧ] [k] [ʤ] [g] [ɲ] [ʎ] [ʃ]*
Abilità *PS*
Modalità *Individuale*
Materiale *7 simboli fonetici (Scheda A); 1 pergamena per ogni studente (Scheda B); 7 scatoline o buste*

Cap. 1
Pronuncia-grafia
e simboli IPA

teoria
▶ attività
esercizi

Istruzioni

- Incollare sul coperchio di 7 scatoline o sulla facciata di 7 buste i simboli fonetici della Scheda A (1 simbolo per ogni scatola o busta).

- Spiegare agli studenti che faranno un'attività di fonetica, che consiste nella presentazione di alcuni simboli fonetici utili per pensare in termini di suoni e non di lettere. Questi simboli saranno inoltre utili per una più agevole consultazione dei dizionari che prevedono, nelle versioni moderne, la trascrizione fonetica dei vocaboli.

- Sistemare le 7 scatole o buste al centro dell'aula e chiedere agli studenti di disporsi in cerchio intorno ad esse.

- Prendere una scatola (o busta) per volta e pronunciare il suono corrispondente facendolo ripetere due o tre volte agli studenti, correggendo eventuali errori.

- Una volta che gli studenti hanno memorizzato il simbolo e il corrispettivo suono, invitarli a scrivere su dei foglietti 7 parole, una per ogni suono in questione.

- Fatto ciò, dovranno inserire le parole nelle scatoline (o buste) in modo che al termine ci siano, in ogni scatola (o busta), tante parole quanti sono gli studenti.

- Invitare gli studenti a scegliere una scatola (o una busta).

- Distribuire una pergamena a ogni studente (Scheda B) il quale, dopo aver scritto il simbolo fonetico nel quadratino bianco, dovrà comporre una poesia utilizzando tutte le parole contenute nella scatola scelta. Se gli studenti sono più di sette possono lavorare utilizzando le stesse parole; l'attività di scrittura però deve essere svolta individualmente.

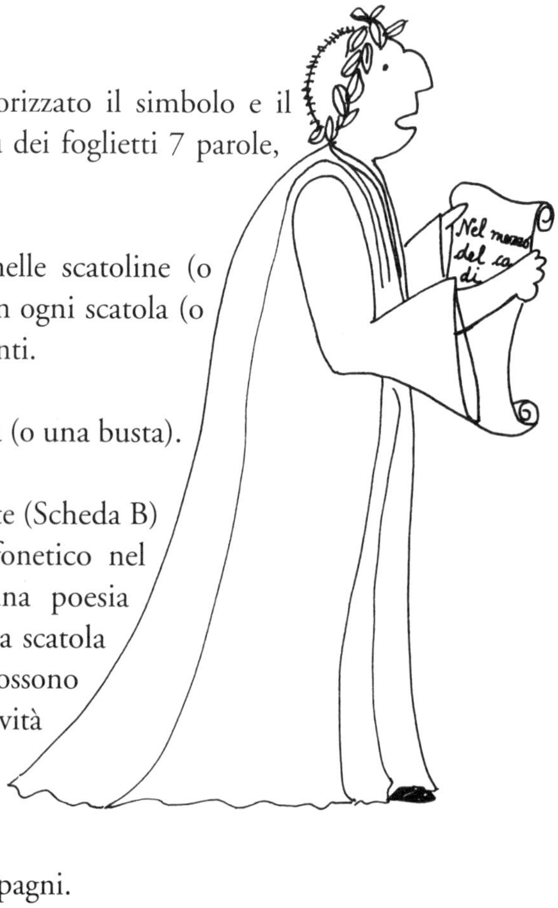

- Le poesie vengono appese e lette dai compagni.

ʧ	K
ʃ	ʤ
ɡ	ʎ
ɲ	

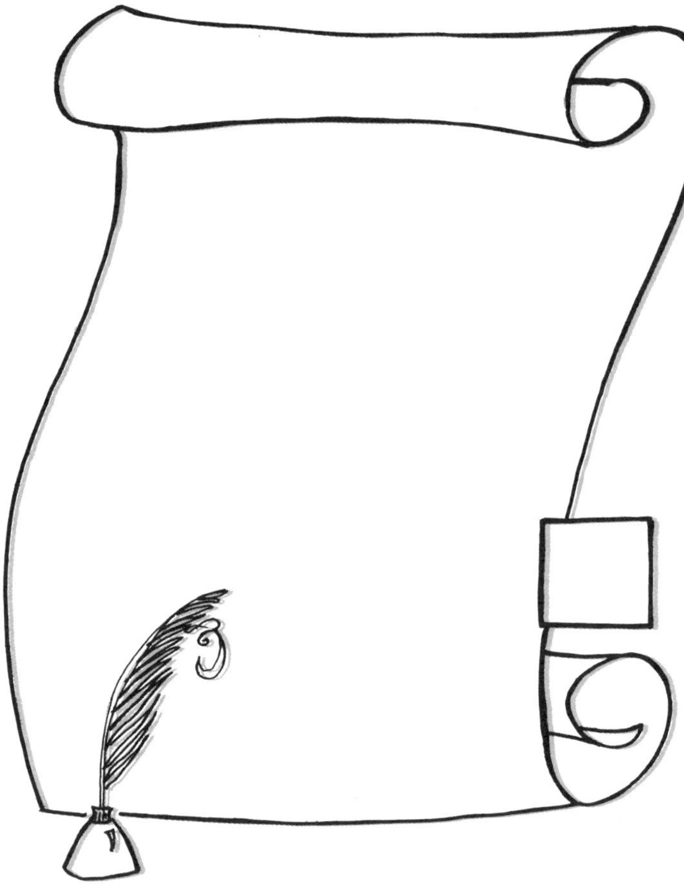

Cap. 1
Pronuncia-grafia
e simboli IPA

teoria

attività

esercizi

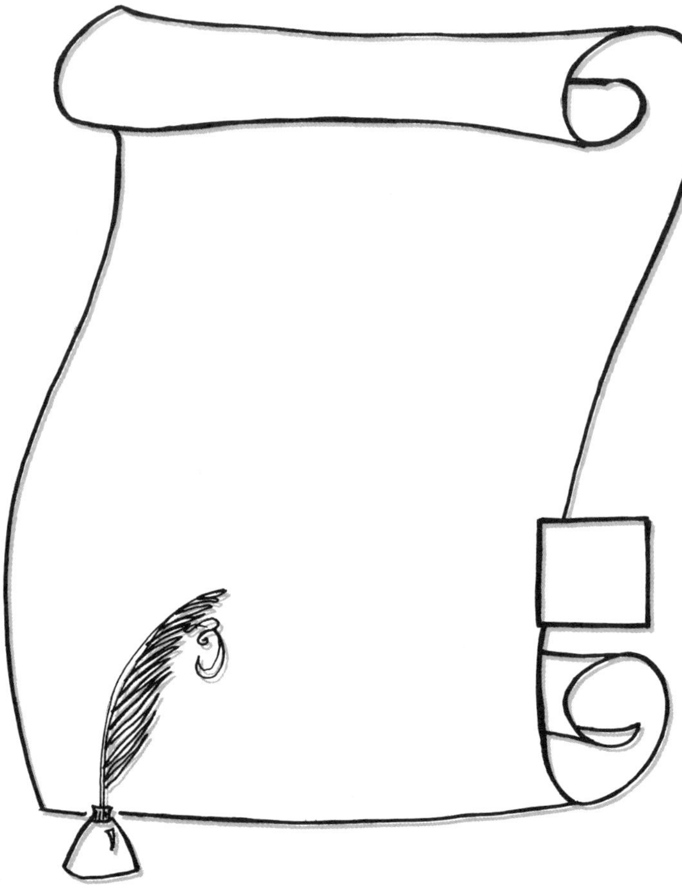

11. Al ristorante

Obiettivo *Presentazione di alcuni simboli fonetici [ʧ] [k] [ʤ] [g] [ɲ] [ʎ] [ʃ]*

Abilità *R/PO/PS*

Modalità *Gruppi*

Materiale *3 menù con simboli fonetici per i clienti (Scheda A); 3 menù con simboli fonetici e spiegazioni dei piatti per i camerieri (Scheda B); 18 cartoncini con i piatti senza simboli fonetici (Scheda C); 3 blocchetti e 3 penne*

CD 4

Istruzioni

- Spiegare agli studenti che faranno un'attività di fonetica, che consisterà nella presentazione di alcuni simboli fonetici utili per pensare in termini di suoni e non di lettere. Questi simboli saranno inoltre utili per una più agevole consultazione dei dizionari che prevedono, nelle versioni moderne, la trascrizione fonetica dei vocaboli.

- Dividere la classe in tre gruppi di clienti e tre camerieri a ciascuno dei quali viene affidato un "tavolo". Se gli studenti sono meno di 9, dividerli in 2 camerieri e 2 gruppi di clienti.

- Consegnare un menù (Scheda A) ad ogni "tavolo" di clienti e dare l'indicazione di studiarlo insieme (gli studenti parlando fra loro interpretano i simboli fonetici e pronunciano più volte i suoni difficili).

- Dare ad ogni cameriere il menù corrispondente al suo "tavolo" (Scheda B) e dire di prepararsi a dare spiegazioni sui piatti mentre i clienti discutono il menù e scelgono cosa ordinare (nella Scheda B, sotto ogni piatto, i camerieri trovano qualche indicazione sul piatto stesso).

- Dopo qualche minuto i camerieri si presentano al tavolo per prendere l'ordinazione. I clienti chiedono eventuali indicazioni sui piatti e fanno l'ordinazione. Il cameriere prende l'ordinazione per iscritto e va in "cucina".

- I camerieri riconoscono i suoni difficili e li trasformano in lettere, controllando quello che hanno scritto coi cartoncini dei piatti.

- A questo punto l'insegnante dà indicazione ai camerieri di portare i piatti (cioè i cartoncini) sbagliati e ai clienti di protestare se c'è qualche problema (in questa fase i suoni difficili vengono ripetuti più volte).

- I camerieri tornano in cucina e questa volta prendono i piatti (cioè i cartoncini) ordinati effettivamente dai clienti e glieli portano (i clienti in questo modo vedono come si scrivono le parole che hanno pronunciato).

- Alla fine si può ascoltare il CD con la lettura dei tre menù (traccia n° 4).

Menù 1

ta[ʎ]atelle pa[ʎ]a e fieno con crema di cre[ʃ]enza

lasa[ɲ]e ve[ʤ]etariane

ta[ʎ]ata di vitello con fun[g]i por[ʧ]ini fres[k]i

so[ʎ]ola alla mu[ɲ]aia

catalo[ɲ]a alla panna

bi[ɲ]è alla vani[ʎ]a

Menù 2

ta[ʎ]olini con zu[kk]ine e scampi

ta[ʎ]atelle pa[ʎ]a e fieno con salsa di no[ʧ]i

fratta[ʎ]e al vino rosso

cano[kk]ie in salsa di a[ʎ]o

lampa[ʃ]oni sott'olio

[ʤ]elato alla vani[ʎ]a

Menù 3

[ɲ]occhi al radi[kk]io

a[ɲ]olotti con be[ʃ]amella

coni[ʎ]o in umido con fun[g]i por[ʧ]ini

a[ɲ]ello con i [ʧ]e[ʧ]i

fa[ʤ]olini saltati all'a[ʎ]o

bi[ɲ]è alle casta[ɲ]e

Menù 1

ta[ʎ]atelle pa[ʎ]a e fieno con crema di cre[ʃ]enza:
pasta all'uovo gialla e verde con formaggio fresco

lasa[ɲ]e ve[dʒ]etariane
pasta al forno con verdure

ta[ʎ]ata di vitello con fun[g]i por[tʃ]ini fres[k]i
fettine di carne tenera con funghi

so[ʎ]ola alla mu[ɲ]aia
pesce di mare

catalo[ɲ]a alla panna
verdura un po' amara

Menù 2

ta[ʎ]olini con zu[kk]ine e scampi
pasta all'uovo simile alle tagliatelle ma più sottile

ta[ʎ]atelle pa[ʎ]a e fieno con salsa di no[tʃ]i
pasta all'uovo gialla e verde con salsa di frutta secca

fratta[ʎ]e al vino rosso
fegato e cuore cotti nel vino

cano[kk]ie in salsa di a[ʎ]o
pesce (crostacei)

lampa[ʃ]oni sott'olio
piccole cipolline rosa

[dʒ]elato alla vani[ʎ]a
dolce freddo

Menù 3

[ɲ]occhi al radi[kk]io
pasta di patate con condimento di insalata rossa amara

a[ɲ]olotti con be[ʃ]amella
simili ai ravioli (ma più grandi) con salsa di latte e farina

coni[ʎ]o in umido con fun[g]i por[tʃ]ini
carne con pomodoro e funghi

a[ɲ]ello con i [tʃ]e[tʃ]i
carne e legumi

fa[dʒ]olini saltati all'a[ʎ]o
verdura passata in padella

bi[ɲ]è alle casta[ɲ]e
dolce ripieno di crema

tagliatelle paglia e fieno con crema di crescenza	*tagliatelle paglia e fieno con salsa di noci*	*tagliata di vitello con funghi porcini freschi*
coniglio in umido con funghi porcini	*bignè alla vaniglia*	*catalogna alla panna*
frattaglie al vino rosso	*canocchie in salsa di aglio*	*lampascioni sott'olio*
gnocchi al radicchio	*agnello con i ceci*	*zucchine saltate all'aglio*
bignè alle castagne	*agnolotti con besciamella*	*quaglie all'aquilana*
lasagne vegetariane	*tagliolini con zucchine e scampi*	*gelato alla vaniglia*
	sogliola ala mugnaia	

Esercizi di autoapprendimento

In italiano le lettere *c* e *g* hanno ciascuna due suoni a seconda della vocale che segue: *c* si pronuncia [ʧ] se seguita dalle vocali *i - e*, ma si pronuncia [k] se seguita dalle vocali *a - o - u*;
g si pronuncia [ʤ] se seguita dalle vocali *i - e*, ma si pronuncia [g] se seguita dalle vocali *a - o - u*.
Inoltre, la consonante *g* se è seguita da *li* e da *n* dà origine rispettivamente ai suoni [ʎ] (es. figlio) e [ɲ] (es. cognome).

1.1. Ascolta i suoni.
CD 5

[k] [ʧ] [g] [ʤ] [sk] [ʃ] [n] [ɲ] [l] [ʎ]

1.2. Associa i seguenti gruppi di sillabe ai simboli fonetici corrispondenti.

scia, scio, sciu, sci, sce	[ʧ]
cia, cio, ciu, ci, ce	[ʎ]
ca, co, cu, chi, che	[ɲ]
gia, gio, giu, gi, ge	[ʃ]
ga, go, gu, ghi, ghe	[ʤ]
gna, gno, gnu, gni, gne	[g]
glia, glio, gliu, gli, glie	[k]

1.3. Ascolta e scrivi le parole. Ogni parola viene ripetuta due volte.
CD 6

1. ________	6. ________	11. ________
2. ________	7. ________	12. ________
3. ________	8. ________	13. ________
4. ________	9. ________	14. ________
5. ________	10. ________	15. ________

1.4. Riascolta e controlla.
CD 6

1.5. Riascolta e ripeti.
CD 6

2.1. Ascolta e scrivi le parole. Ogni parola viene ripetuta due volte.
CD 7

1.	________	6.	________	11.	________
2.	________	7.	________	12.	________
3.	________	8.	________	13.	________
4.	________	9.	________	14.	________
5.	________	10.	________	15.	________

2.2. Riascolta e controlla.
CD 7

2.3. Riascolta e ripeti.
CD 7

3.1. Ascolta le seguenti parole e indica con una X il suono che senti.
CD 8

1.	[k]	[g]
2.	[ʧ]	[ʤ]
3.	[l]	[ʎ]
4.	[n]	[ɲ]
5.	[ʧ]	[ʤ]
6.	[sk]	[ʃ]
7.	[n]	[ɲ]
8.	[k]	[g]
9.	[sk]	[ʃ]
10.	[l]	[ʎ]

3.2. Riascolta e controlla.
CD 8

3.3. Riascolta e ripeti.
CD 8

4.1. Ascolta le seguenti parole e indica con una X il suono che senti.
CD 9

1.	[n]	[ɲ]
2.	[ʧ]	[ʤ]
3.	[sk]	[ʃ]
4.	[n]	[ɲ]
5.	[ʧ]	[ʤ]
6.	[sk]	[ʃ]
7.	[k]	[g]
8.	[l]	[ʎ]
9.	[k]	[g]
10.	[l]	[ʎ]

4.2. Riascolta e controlla.
CD 9

4.3. Riascolta e ripeti.
CD 9

5.1. Prova a leggere le seguenti frasi e pensa bene alla pronuncia. Poi ascolta la registrazione e memorizza le frasi.
CD 10

1. Lasci signora, glielo raccolgo io!

2. L'aglio mi piace un sacco!

Capitolo 2

Doppie

Teoria e spunti di riflessione

In italiano la geminazione consonantica (le doppie) ha valore distintivo in 15 casi [b, p, t, d, k, g, ʧ, ʤ, s, f, v, r , l, n, m] : una parola può cioè cambiare significato a seconda che la consonante sia singola o doppia (es. *calo-callo*, *cane-canne*, *fato-fatto*).
Il riconoscimento e la pronuncia delle doppie è di particolare difficoltà per molti studenti stranieri in quanto sono poche le lingue in cui la geminazione consonantica ha valore distintivo: l'orecchio della maggior parte degli studenti non è abituato a percepire questo fenomeno e conseguentemente ha difficoltà a riprodurlo.
La durata consonantica è distintiva in: arabo, estone, finlandese, giapponese, islandese, russo, ungherese, mentre non lo è in albanese, catalano, ceco, cinese, coreano, croato, danese, francese (eccetto in pochi casi), greco, inglese, norvegese, polacco, portoghese, serbo, sloveno, spagnolo (eccetto per il suono *r*), svedese, tedesco. In molte di queste lingue, inoltre, ad una consonante doppia rappresentata graficamente non corrisponde un suono di durata maggiore nella pronuncia. Ecco alcuni esempi dall'inglese: *possible* [pɔsibl], *difference* [diferəns], *illogical* [ɪ'lɔʤikl]. Abbiamo citato per comodità alcune parole inglesi, ma il discorso può essere esteso ad altre lingue: nelle lingue germaniche troviamo consonanti geminate (doppie) nelle parole composte senza che questo abbia una conseguenza fonetica.
Sono poche le lingue che hanno durata fonematica distintiva e anche nelle lingue in cui graficamente sono presenti consonanti doppie ciò non si traduce in una maggior durata del fonema; per i parlanti di queste lingue il fatto di vedere in italiano una consonante geminata non è di per sé un'indicazione per la pronuncia: tenderanno cioè a pronunciare la consonante con un suono breve perché quella è la convenzione nella loro lingua.

A seconda del tipo di suono emesso la realizzazione concreta di una doppia avviene in due modi:
- prolungamento del suono;
- maggior espulsione d'aria dalla cavità orale.

Poiché alcuni suoni vengono prodotti bloccando il flusso d'aria all'interno della bocca (occlusivi [b p t d k g]) una maggior durata fonematica non può che realizzarsi trattenendo il flusso d'aria all'interno della bocca per più tempo (il doppio) rispetto alla durata di un suono singolo. L'improvvisa apertura della bocca per emettere il suono darà luogo ad una maggiore espulsione d'aria che, insieme a quella breve pausa durante l'occlusione, rende riconoscibile all'orecchio la presenza di una consonante geminata. Anche per i suoni semiocclusivi [ʣ ʦ ʤ ʧ] vale lo stesso discorso.
La maggior durata fonematica degli altri suoni (costrittivi [s z ʃ f v], nasali [m n], vibranti [r], laterali [l]) si realizza attraverso un effettivo prolungamento del suono, che viene pronunciato per un tempo più lungo (il doppio) rispetto al suono singolo: è questo allungamento che rende riconoscibile all'orecchio la presenza di una consonante geminata.

Oltre al riconoscimento e alla produzione delle doppie, il problema per gli studenti è saper con sicurezza, durante le produzioni scritte, se le parole contengono consonanti geminate (doppie). Nonostante non ci siano regole precise di distribuzione delle doppie nelle parole, si osservano alcune regolarità: la prima persona plurale del condizionale ha sempre doppia *m* (es. *noi andremmo*), i verbi con prefisso *a* (es. *accorciare*) presentano la doppia, così come molti participi passati irregolari (es. *fatto*) o le preposizioni articolate (es. *nella*).

Le doppie rappresentano un ostacolo per la maggior parte degli stranieri; si consiglia di sensibilizzare gli studenti rispetto ai due diversi modi di realizzazione delle doppie con cenni di teoria ed esercizi di ascolto prima di proporre loro attività di produzione.
Nella pratica didattica in classe è bene inoltre prestare un'attenzione particolare a quelle doppie che coinvolgono suoni consonantici assenti nella lingua del parlante: il discente sarà infatti coinvolto in uno sforzo che non riguarda solo il tempo di durata del suono, ma il modo di produrre il suono stesso. A tal proposito si fa presente che:

[ʧ] è assente in	arabo greco portoghese	[ʤ] è assente in	coreano greco olandese portoghese spagnolo tedesco
[ʦ] è assente in	arabo coreano hindi inglese olandese portoghese spagnolo turco	[ʣ] è assente in	arabo coreano hindi inglese olandese portoghese spagnolo tedesco turco

inoltre:
gli arabofoni non distinguono fra [b] e [p]
gli ispanofoni non distinguono fra [b] e [v]
gli ispanofoni raddoppiano [r] all'inizio di parola
i giapponesi non distinguono fra [l] e [r]
i cinesi non distinguono fra [t] e [d]

Per concludere, ecco alcuni spunti di riflessione che si potranno proporre agli studenti per valutarne le conoscenze pregresse o per introdurre un argomento e le relative attività:

- Nella vostra lingua esistono le doppie? Come si pronunciano?
- Nella vostra lingua sono doppie sia le vocali che le consonanti? Come si pronunciano?
- In italiano alcune parole possono cambiare di significato a seconda che vengano pronunciate con una doppia o senza (es. *caro*, *carro*); è così anche nella vostra lingua?

Glossario

durata fonematica: tempo occupato da un suono.
consonanti geminate: consonanti pronunciate con una durata fonematica maggiore (il doppio) rispetto alle consonanti singole.

12. In missione

Obiettivo *Riconoscimento e produzione delle doppie*
Abilità *M*
Modalità *Gruppo classe*
Materiale *Nessuno*

Istruzioni

- Spiegare agli studenti che faranno un'attività di fonetica, utile per migliorare un aspetto della pronuncia che generalmente rappresenta una difficoltà per tutti. Non rivelare immediatamente di cosa si tratta poiché ciò rappresenta l'elemento che gli studenti dovranno indovinare nel corso dell'attività di motivazione che segue.

- Proporre il seguente quesito:

Ho deciso di partire per una missione importante su Venere e sto preparando lo zaino. In questo zaino però entrano solo alcune cose, altre, per quanto mi sforzi, proprio non ci entrano. Sono riuscita/o a infilare nello zaino un paio di occhiali e una bottiglia, ma quando ho provato a metterci i sandali non ci sono riuscita/o. Ovviamente devo portare molte cose su Venere e vorrei che voi mi aiutaste a preparare lo zaino; cosa posso provare a metterci dentro?

Soluzione

- Le parole ammesse sono tutte quelle che contengono consonanti geminate (doppie); accettare pertanto le parole che contengono doppie e scartare le altre finché qualcuno indovina la soluzione.

Variante

- In alternativa proporre questo indovinello:

Tutto è Johnny, nulla è Johnny, ma niente non è Johnny. Chi è Johnny?

Soluzione

- "Johnny" è una parola contenente consonanti geminate (doppie) per cui tutte le parole con tale caratteristica sono "Johnny" e vanno bene, tutte le altre no.

13. Disegnare e realizzare le doppie

Obiettivo *Focalizzare l'attenzione sulla percezione individuale del fenomeno delle doppie*
Abilità *M/PO*
Modalità *Individuale e coppie*
Materiale *Carta e penna*

Istruzioni

- Chiedere agli studenti di disegnare il suono delle doppie, cioè di dare una rappresentazione grafica di quello che "vedono" quando sentono una doppia, che forma o immagine il suono fa venire loro in mente. Questo aiuta a portare l'attenzione sulla differenza di realizzazione delle consonanti geminate (vedi la sezione **Introduzione alla fonetica italiana** a pag. 10).

- Mostrare in plenum quanto prodotto dagli studenti.

- Dividere gli studenti a coppie e chiedere loro di pensare ad alcune parole contenenti le doppie e dirsele.

- Invitare gli studenti a riflettere sul modo in cui pronunciano le doppie; notano delle differenze o no?

- Dopo qualche commento dividere gli studenti a coppie e invitarli a scrivere su un foglio l'alfabeto italiano escludendo le vocali. Per ogni lettera dovranno pensare a come si pronuncia la doppia ovvero se viene pronunciata con un allungamento del suono (come ad esempio nel caso di [m] o [s]) o se viene pronunciata con una brevissima pausa seguita da una maggiore espulsione di aria rispetto al suono singolo (come nel caso di [b] o [d]).

- Segue un controllo con l'insegnante durante il quale si può riflettere anche sui due suoni di *c*, *g*, *z*.

14. Lo zoo

Obiettivo *Riconoscimento e produzione delle doppie*
Abilità *R/PO/PS*
Modalità *Coppie*
Materiale *Una Scheda A per ogni studente, una Scheda B per ogni coppia*
CD 11

Istruzioni

- Spiegare agli studenti che faranno un'attività di fonetica, utile per migliorare un aspetto della pronuncia che generalmente rappresenta una difficoltà per tutti.

- Distribuire una Scheda A a ogni studente e far ascoltare dal CD la registrazione della lettura dei nomi degli animali (traccia n° 11); gli studenti dovranno cerchiare il numero corrispondente alle parole contenenti consonanti geminate (doppie).

- Segue confronto a coppie e riascolto della registrazione durante il quale dovranno scrivere solo la consonante doppia.

  Es. quando sentono la parola "mucca" dovranno cerchiare il numero 14 durante il primo ascolto e scrivere CC durante il secondo.

- Segue un terzo ascolto durante il quale gli studenti devono memorizzare quanti più nomi di animali possibile (non possono scrivere, devono esclusivamente ascoltare).

- Dividere nuovamente gli studenti a coppie e distribuire a ogni coppia una Scheda B.

- Basandosi solo sulla memoria e sulle doppie scritte gli studenti devono cercare di ricostruire il nome degli animali.

Soluzioni

1. Pinguino
2. Polipo
3. Foca
4. Chiocciola
5. Acciuga
6. Cammello
7. Coccinella
8. Serpente
9. Cavallo
10. Cucciolo
11. Rinoceronte
12. Giraffa
13. Delfino
14. Mucca
15. Tonno
16. Cavalletta
17. Ippopotamo
18. Bassotto
19. Scimmia

1. ______
2. ______
3. ______
4. ______
5. ______
6. ______
7. ______
8. ______
9. ______
11. ______
12. ______
13. ______
14. ______
15. ______
16. ______
17. ______
18. ______
19. ______

Cap. 2
Doppie
teoria
attività
esercizi

15. Gatto matto

Obiettivo *Riconoscimento e produzione delle doppie*

Abilità *R/PO*

Modalità *Gruppo classe*

Materiale *1 testo della filastrocca "bucato" (Scheda A); 1 testo completo (Scheda B); 1 set di 14 cartoncini (Scheda C)*

CD 12-13

Istruzioni

- Spiegare agli studenti che faranno un'attività di fonetica per migliorare la percezione e la pronuncia delle doppie.

- Dopo che gli studenti si sono muniti di carta e penna, l'insegnante fa ascoltare la registrazione della filastrocca dal CD (traccia n° 12).

- Al termine chiedere agli studenti di scrivere, in tre minuti, tutte le parole contenenti doppie che ricordano. Segue una breve consultazione a coppie.

- Mantenendo la divisione in coppie, l'insegnante fa riascoltare la filastrocca e invita gli studenti a scrivere le parole con le doppie che prima erano sfuggite.

- Disporre al centro della classe il set di 14 cartoncini con le parole contenenti le doppie (Scheda C) affinché gli studenti possano controllare le parole che hanno scritto sul foglietto.

- Terminato il controllo dovranno mettere i cartoncini in ordine (lavorando in plenum) secondo quanto ricordano della filastrocca. L'insegnante legge il testo "bucato" per permettere il controllo (Scheda A) o fa ascoltare la registrazione della filastrocca dal CD (traccia n° 13).

- Al termine invitare ogni studente a memorizzare l'ordine di apparizione delle parole, prendere uno o più cartoncini (fino ad esaurimento), e disporsi in cerchio.

- Condurre la filastrocca leggendo il testo "bucato" (o utilizzando il CD, traccia n° 13) mentre gli studenti devono riempire i silenzi con le parole mancanti, intervenendo cioè ogni volta che hanno il cartoncino corrispondente alla parola mancante. La filastrocca viene ripetuta finché l'esecuzione risulta fluida (per un massimo di tre volte).

- Il testo completo è nella Scheda B.

Mia zia ___________

ha un _______ ________ ________

la _________ ________

la sera ________

di giorno fa il _____________

di ______ dorme come un __________

d'estate ___________

d'inverno salta come una _________.

Domanda: mia zia lo deve

____

o se ne deve ____________?

Mia zia Assunta

ha un gatto tutto matto

la mattina bussa

la sera russa

di giorno fa il gradasso

di notte dorme come un sasso

d'estate barcolla

d'inverno salta come una molla.

Domanda: mia zia lo deve ammaestrare

o se ne deve sbarazzare?

Assunta	tutto	russa
barcolla	gatto	notte
bussa	gradasso	matto
sasso	mattina	ammaestrare
molla	sbarazzare	

16. Clap

Obiettivo *Doppie e grammatica: differenza nella pronuncia della prima persona plurale del futuro e del condizionale*

Abilità *PO/R*

Modalità *Gruppo classe*

Materiale *1 set di 40 cartoncini con verbi al futuro e al condizionale (Scheda)*

Istruzioni

- Spiegare agli studenti che faranno un'attività di fonetica legata alla grammatica e più precisamente al futuro e al condizionale dei verbi che, alla prima persona plurale, si distinguono solo per la presenza della doppia *m* nella desinenza.

- Disporre gli studenti in cerchio e distribuire i cartoncini della Scheda in ordine casuale fino a esaurimento con la consegna di non leggerli e di non mostrarli ai compagni.

- A turno gli studenti girano un cartoncino e leggono il verbo riportato prestando attenzione alla pronuncia. Gli altri devono decidere di che tempo verbale si tratta battendo tutti insieme le mani una volta se si tratta di futuro, due volte se si tratta di condizionale. I cartoncini riportano la dicitura futuro/condizionale in questo modo il controllo da parte dello studente che legge è immediato e l'attività proponibile anche in classi in cui questi argomenti non siano ancora stati affrontati.

decideremo futuro	**inviteremo** futuro	**puliremo** futuro	**laveremo** futuro
criticheremo futuro	**spegneremo** futuro	**sceglieremo** futuro	**stupiremo** futuro
giocheremo futuro	**saliremo** futuro	**grideremo** futuro	**canteremo** futuro
ci prepareremo futuro	**ci sposeremo** futuro	**ci riposeremo** futuro	**ci sveglieremo** futuro
finiremo futuro	**vorremo** futuro	**saremo** futuro	**cancelleremo** futuro
decideremmo condizionale	**inviteremmo** condizionale	**puliremmo** condizionale	**laveremmo** condizionale
criticheremmo condizionale	**spegneremmo** condizionale	**sceglieremmo** condizionale	**stupiremmo** condizionale
giocheremmo condizionale	**saliremmo** condizionale	**grideremmo** condizionale	**canteremmo** condizionale
ci prepareremmo condizionale	**ci sposeremmo** condizionale	**ci riposeremmo** condizionale	**ci sveglieremmo** condizionale
finiremmo condizionale	**vorremmo** condizionale	**saremmo** condizionale	**cancelleremmo** condizionale

17. A come... avvitare

Obiettivo *Doppie e grammatica: pronuncia e scrittura dei verbi con prefisso* a(d)-
Abilità *PO/PS*
Modalità *Gruppi*
Materiale *Per ogni coppia di studenti un set di 20 cartoncini con aggettivi e sostantivi (Scheda)*

Istruzioni

- Spiegare agli studenti che faranno un'attività di fonetica legata alla grammatica e più precisamente ad alcuni verbi che hanno origine da aggettivi e sostantivi ai quali basta aggiungere un prefisso; proprio l'aggiunta del prefisso genera in tali verbi un raddoppiamento consonantico. Se necessario fare qualche esempio di prefisso (*es. ag-ganciare*, *il-legale*).

- Dividere gli studenti in coppie e distribuire un set di 20 cartoncini (Scheda) a ogni coppia.

- Invitare gli studenti a fare dei tentativi per creare i verbi dalle parole riportate sui cartoncini tramite l'aggiunta di prefissi.

- Segue controllo con l'insegnante che eventualmente può spiegare il significato di alcuni verbi.

Soluzioni

- Tutti i verbi in questione hanno prefisso *a(d)-*

abbassare/abbassarsi	affaticarsi
abbottonare	allacciare
abbellire	allunare
abbracciare	associare/associarsi
accomodarsi	arrossire
accorciare	assaporare
addentrarsi	atterrare
addentare	avvelenare
additare	avvitare
addolcire/addolcirsi	azzerare

bottone	veleno	vite	luna
socio	rosso	corto	sapore
terra	dolce	fatica	dentro
comodo	dente	basso	braccia
dita	laccio	zero	bello

18. Doppiombola

L'attività è divisa in 3 fasi:

- **Fase 1:** trovando il nome corrispondente a dei disegni, gli studenti scoprono che alcune parole cambiano di significato e, naturalmente di suono, a seconda che abbiano la doppia o meno (per esempio: *copia-coppia*). Questa fase dura circa 15/20 minuti.

- **Fase 2:** tombola che permette di esercitarsi nel sentire e riconoscere suoni doppi o semplici. Questa fase dura circa 10 minuti.

- **Fase 3:** in questa parte di attività ogni studente ha una lista di disegni (di cui però conosce il nome avendo già svolto le prime 2 fasi dell'attività) e la lista scritta dei nomi dei disegni del compagno. A turno uno studente dice il nome di un disegno e l'altro controlla che sia pronunciato bene leggendo se il nome ha la doppia o meno. Questa fase dura circa 10 minuti.

Fase 1

Obiettivo *Sensibilizzazione e scoperta del fenomeno delle doppie*
Abilità *PO/PS*
Modalità *Gruppi*
Materiale *Una Scheda A1 per il gruppo A e una Scheda B1 per il gruppo B*

Istruzioni

- Dividere la classe in due gruppi, A e B.

- Consegnare ad un gruppo la Scheda A1 (possibilmente fotocopiata in A3) e all'altro la Scheda B1 (possibilmente fotocopiata in A3) e chiedere di trovare e scrivere le parole corrispondenti ai disegni. Se gli studenti non conoscono la parola corrispondente ad un disegno, lasciano in bianco. Nel confronto con l'altro gruppo riusciranno a completare tutto.

- A questo punto riunire la classe che in plenum dovrà lavorare su entrambi i fogli.

- Comunicare che ogni parola di A1 è in un rapporto di relazione univoca con una parola in B1. È possibile cioè formare coppie di parole (una A e una B) legate sempre dalla stessa relazione. Chiedere agli studenti di scoprire questa relazione e di formare tutte le coppie. La relazione è che in A1 la parola non ha doppia e in B1 sì (per es. *copia-coppia*; *camino-cammino)*.

- Le parole lasciate in bianco prima, verranno ora trovate dagli studenti.

Fase 2

Obiettivo *Riconoscimento del suono delle consonanti doppie o singole*
Abilità *R*
Modalità *Individuale*
Materiale *12 cartelle della tombola (Scheda C);*
1 set di 24 cartoncini (Scheda D); 1 sacchetto; fagioli secchi

Istruzioni

- Distribuire a ogni studente una cartella della tombola (Scheda C). Non dimenticare di distribuire anche i fagioli!

- Estrarre da un sacchetto uno alla volta i 24 cartoncini e pronunciare la parola corrispondente.

- Come nella tombola, gli studenti devono mettere il fagiolo sul disegno corrispondente alla parola pronunciata prestando naturalmente attenzione alla presenza di doppie o meno. Vince chi completa per primo la cartella.

Fase 3

Obiettivo *Produzione delle doppie*
Abilità *PO/R*
Modalità *Coppie*
Materiale *Una Scheda A2 per ogni studente A;*
una Scheda B2 per ogni studente B

Istruzioni

- Dividere gli studenti a coppie (studente A e studente B) e dare allo studente A la Scheda A2 e all'altro la Scheda B2.

- A turno, lo studente A pronuncia le parole corrispondenti ai disegni della sua Scheda e lo studente B verifica se sono pronunciate correttamente controllando la lista scritta e viceversa.

Soluzioni

copia-coppia	note-notte
eco-ecco	casa-cassa
papa-pappa	caro-carro
cane-canne	risa-rissa
frigo-friggo	sete-sette
capello-cappello	camino-cammino

Cap. 2
Doppie
teoria
attività
esercizi

Piero,
ti penso sempre!
Ti amo tanto!
Ti voglio qui!
Chiamami presto!
tua
CIAO!
CIAO
CIAO
CIAO
AH!
AH!
AH!
AH!
AH!

1 Doppiombola

2 Doppiombola

3 Doppiombola

4 Doppiombola

5 Doppiombola

6 Doppiombola

7 Doppiombola

8 Doppiombola

9 Doppiombola

Cap. 2
Doppie

teoria

▶attività

esercizi

10 Doppiombola

11 Doppiombola

12 Doppiombola

cappello

carro

notte

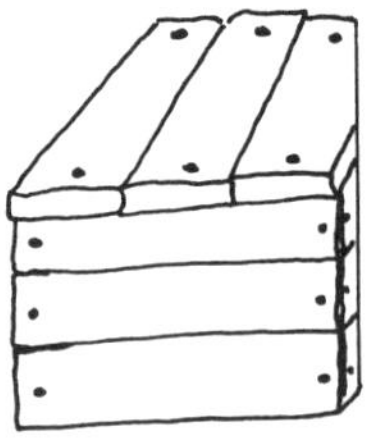
cassa

coppia

friggo

ecco

pappa

sette

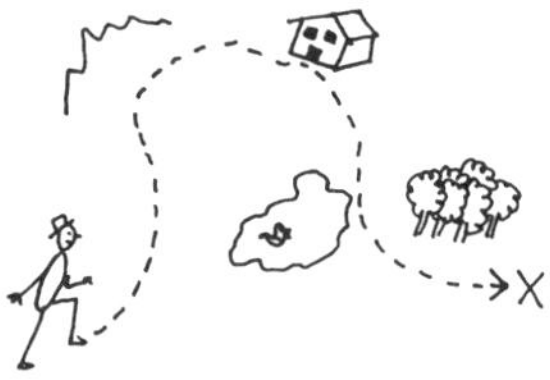
cammino

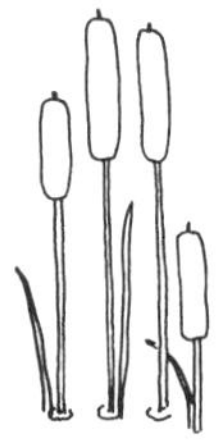
canne

rissa

capello

frigo

cane

sete

copia

caro

eco

note

risa

papa

camino

casa

1. CAMINO
2. FRIGO
3. COPPIA
4. SETTE
5. ECO
6. PAPA
7. CANNE
8. RISSA
9. FRIGGO
10. CASSA
11. NOTE
12. CARO

1. CASA
2. CANE
3. NOTTE
4. CARRO
5. ECCO
6. CAPELLO
7. COPIA
8. CAMMINO
9. CAPPELLO
10. PAPPA
11. SETE
12. RISA

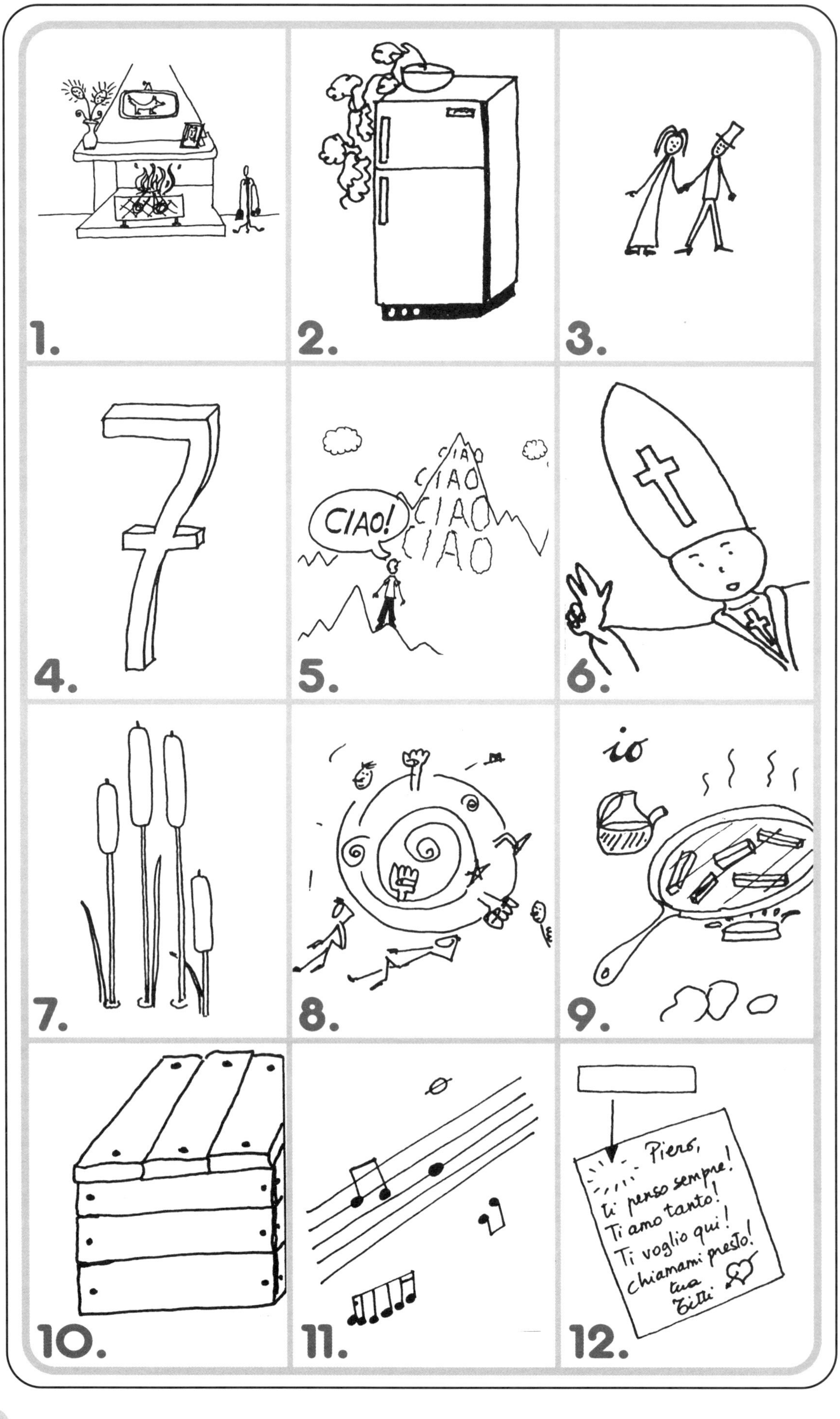

Esercizi di autoapprendimento

CD 14 **1.1. Ascolta e sottolinea, per ogni coppia di parole, la parola che senti pronunciare.**

1. l'Arabia	la rabbia
2. baco	Bacco
3. cade	cadde
4. sbafo	sbaffo
5. mogio	moggio
6. frigo	friggo
7. pala	palla
8. geme	gemme
9. cane	canne
10. capello	cappello
11. caro	carro
12. rosa	rossa
13. dita	ditta
14. piove	piovve

CD 14 **1.2. Riascolta e controlla.**

CD 14 **1.3. Riascolta e ripeti.**

CD 15 **2.1. Ascolta le coppie di parole e indica con una X la presenza di una consonante doppia.**

1.	❑ ___	❑ ___	8.	❑ ___	❑ ___
2.	❑ ___	❑ ___	9.	❑ ___	❑ ___
3.	❑ ___	❑ ___	10.	❑ ___	❑ ___
4.	❑ ___	❑ ___	11.	❑ ___	❑ ___
5.	❑ ___	❑ ___	12.	❑ ___	❑ ___
6.	❑ ___	❑ ___	13.	❑ ___	❑ ___
7.	❑ ___	❑ ___			

CD 15 **2.2. Riascolta e controlla.**

CD 15 **2.3. Riascolta e scrivi la doppia che senti.**

CD 15 **2.4. Riascolta e pronuncia la parola con la doppia.**

3.1. Ascolta i seguenti proverbi e metti una X negli spazi vuoti dove senti una consonante doppia.
CD 16

1. Tentar non ______.
2. Non c'è _____ senza spine.
3. Can che ______ non morde.
4. L'amore è _______.
5. Le bugie _______ le gambe corte.
6. Chi ben comincia è a _______ dell'opera.
7. Una rondine non fa ________.
8. Meglio un _______ oggi che una ________ domani.
9. Il _________ fa le pentole ma non i coperchi.

3.2. Adesso riascolta e scrivi la consonante doppia che senti.
CD 16

1. Tentar non ______.
2. Non c'è _____ senza spine.
3. Can che ______ non morde.
4. L'amore è _______.
5. Le bugie _______ le gambe corte.
6. Chi ben comincia è a _______ dell'opera.
7. Una rondine non fa ________.
8. Meglio un _______ oggi che una ________ domani.
9. Il _________ fa le pentole ma non i coperchi.

3.3. Riascolta e scrivi le parole contenenti le doppie per intero.
CD 16

1. Tentar non ___________________.
2. Non c'è ___________________ senza spine.
3. Can che ___________________ non morde.
4. L'amore è ___________________.
5. Le bugie ___________________ le gambe corte.
6. Chi ben comincia è a ___________________ dell'opera.
7. Una rondine non fa ___________________.
8. Meglio un ___________________ oggi che una ___________________ domani.
9. Il ___________________ fa le pentole ma non i coperchi.

3.4. Riascolta, controlla e ripeti.
CD 16

Capitolo 3

Suoni a confronto

Teoria e spunti di riflessione

Uno degli aspetti più curiosi della lingua riguarda la possibilità di cambiare il significato di una parola operando sulla parola stessa una variazione minima: questo accade ad esempio spostando l'accento da una sillaba all'altra (così da trasformare il *Papa* in un *papà*) o cambiando una lettera con un'altra lettera che in qualche modo consideriamo "simile" (così da rendere l'*inverno* un *inferno*). Tralasciando il discorso sull'accento, che viene affrontato nel cap. 5, analizziamo più da vicino che cosa accade nel secondo esempio attraverso un semplice esperimento: appoggiamo il palmo della mano sulla gola e il palmo dell'altra su un orecchio e proviamo a pronunciare fffff; ora proviamo a pronunciare vvvvv. Che differenza si percepisce? Abbiamo cambiato la posizione delle labbra? Il flusso d'aria incontra ostacoli diversi nella produzione dei due suoni?
Ripetendo l'esperimento, magari alternando i suoni pronunciati, appare chiaro che per articolare [f] e [v] la posizione degli organi fonatori non cambia, così pure come la fuoriuscita dell'aria non subisce variazioni (il **punto** e il **modo di articolazione** sono identici per i due suoni); ciò che differenzia i due suoni è la **sonorità** ovvero la vibrazione, o la mancata vibrazione, delle **corde vocali**. Nel sistema fonetico italiano i fonemi [f] e [v] non sono gli unici suoni che rispondono all'esperimento sopra citato: [p]-[b] [t]-[d] [k]-[g] [ʧ]-[ʤ] [s]-[z] [ts]-[dz] sono tutte coppie di suoni in cui l'unico elemento distintivo è rappresentato dalla sonorità. Delle opposizioni elencate il secondo fonema è marcato, possiede cioè un **tratto** in più rispetto al primo; in un certo senso possiamo dire che il secondo fonema è più complesso rispetto al primo. Nelle lingue del mondo i fonemi marcati (più complessi) sono meno frequenti rispetto a quelli non marcati (meno complessi); questo significa che la presenza di un fonema non marcato nel sistema fonologico di una lingua non implica necessariamente anche la presenza del corrispondente marcato. In italiano ad esempio esiste il fonema [ʃ] ma non esiste il corrispettivo marcato [ʒ]*; in coreano, olandese, spagnolo esiste [ʧ] ma non [ʤ]; in spagnolo esiste [s] ma non [z]. Che la realizzazione di un fonema marcato rappresenti un ostacolo maggiore è solo parzialmente vero: non tutti gli apprendenti incontrano infatti le stesse difficoltà nel realizzare fonemi mancanti nella loro lingua e soprattutto il fatto che un fonema non sia presente nel sistema fonologico della lingua di provenienza non significa che quel suono non vi sia approdato attraverso prestiti di parole straniere e che quindi, in qualche modo, non faccia parte del patrimonio fonetico dell'apprendente (vedi anche **Teoria e spunti di riflessione** cap.2 ***Le doppie***).
Il materiale didattico proposto nelle pagine seguenti stimola lo studente ad una riflessione sui suoni sordi e sonori al fine di renderlo consapevole degli organi coinvolti nella produzione dei suoni e dei piccoli aggiustamenti che si possono operare per migliorarne la pronuncia. L'intervento dell'insegnante non si limiterà però alla sola riflessione sulla vibrazione delle corde vocali, ma sarà volto a spiegare, in caso di necessità e di suoni difficili per i discenti, quali modifiche nella posizione degli articolatori sono necessarie per pronunciare correttamente un suono (vedi **Introduzione alla fonetica italiana**).
Nelle attività e negli esercizi di autoapprendimento del capitolo sono state incluse tre coppie di fonemi [b]-[v], [l]-[r], [ʧ]-[dz]/[ts] spesso scambiati fra loro rispettivamente da studenti ispanofoni, orientali e coreani; ci è sembrato utile collocare la loro presentazione in un contesto di confronto fra suoni anche se l'intervento da parte dell'insegnante nella correzione della pronuncia non riguarderà la sonorità ma il punto e il modo di articolazione.

* *[ʒ] es. garage*

Per concludere, ecco alcuni spunti di riflessione che si potranno proporre agli studenti per valutarne le conoscenze pregresse o per introdurre un argomento e le relative attività:

- Pensa a come pronunciano l'italiano le persone della tua nazionalità. Ci sono suoni che fanno capire la nazionalità?

- Pensa a dove si trovano nel tuo corpo le corde vocali; mettici una mano sopra e prova a parlare. Cosa succede?

Glossario

corde vocali: membrane situate nella laringe all'altezza del pomo d'Adamo. Se accostate durante il passaggio dell'aria dai polmoni generano la vibrazione caratteristica dei suoni sonori.
modo di articolazione: definisce in che modo il flusso dell'aria, passando attraverso l'apparato fono-articolatorio, dà luogo a suoni distinti.
punto di articolazione: punto in cui viene prodotto un suono.
sonorità: caratteristica distintiva di alcuni suoni determinata dalla vibrazione delle pliche vocali.
tratto: proprietà di un fonema che ne permette la classificazione.

19. Partner fonetico

Obiettivo *Presentazione delle opposizioni fonologiche [b]-[p] [d]-[t] [g]-[k] [v]-[f] [ʣ]-[ʦ] [ʤ]-[ʧ] [z]-[s]*

Abilità *PO/R/PS*

Modalità *Coppie e individuale*

Materiale *1 set con 40 coppie di parole (Scheda A); 9 vignette (Scheda B)*

Cap. 3
Suoni a confronto
teoria
▶attività
esercizi

Istruzioni

- Ritagliare i cartoncini della Scheda A (40 parole con sonora e 40 con sorda) in più mazzetti, in modo che ogni mazzetto sia formato da coppie di parole A e B e che il numero totale dei cartoncini di ogni mazzetto corrisponda al numero di partecipanti. Es. 12 partecipanti: 6 mazzetti composti ciascuno da 6 coppie di parole (6 parole A e le corrispondenti 6 parole B). Le parole di ogni mazzetto devono essere 6 parole con consonante sonora e le corrispondenti 6 con consonante sorda, ma non devono essere in ordine (es. *bastone basta, dopo, dorso, vendo, banca, pasta, vento, panca, pastone, topo, torso*). Si può decidere di ridurre il numero dei mazzetti mantenendo però inalterato il criterio di composizione di ciascuno di essi.

- Spiegare agli studenti che faranno un'attività di fonetica utile per riflettere su alcuni suoni della lingua italiana.

- Mettere su un tavolo un mazzetto alla volta e invitare ogni studente a pescare un cartoncino, leggere e memorizzare la parola riportata e, camminando per la classe, ripetere la sua parola ai compagni (senza mostrare il proprio cartoncino) cercando di trovare il proprio partner fonetico secondo un criterio che saranno loro a dover decifrare (gli studenti ripetono e ascoltano con feedback immediato del partner i suoni nella loro variante sorda o sonora).

- Una volta trovato il partner fonetico le coppie di parole vengono disposte su un tavolo o a terra. Esaurite le sei coppie di parole si ricomincia pescando dal secondo mazzetto e si procede fino ad esaurimento dei mazzetti. Al termine sul tavolo o per terra ci sarà una lunga lista di parole A opposte alla lista di parole B.

- Segue un momento di riflessione collettiva sulla differenza tra le due liste e si arriva ad esplicitare l'opposizione sordo-sonoro dei singoli suoni. A questo scopo si può proporre un piccolo esperimento: gli studenti si mettono una mano sulla gola e l'altra su un orecchio e provano a pronunciare coppie minime di suoni consonantici (es. [f][v], [k][g], ecc.) concentrandosi sulle differenze di vibrazione che percepiscono.

- Dopo aver introdotto i concetti di sordo e sonoro l'insegnante divide gli studenti a coppie e chiede a ciascuna coppia di analizzare in cinque minuti i suoni dell'alfabeto (escludendo le vocali) per capire quali suoni sono pronunciati con una vibrazione delle corde vocali e quali no. Segue rapido controllo alla lavagna.

- Terminata questa parte le 9 vignette della Scheda B vengono appese nella classe e si danno alcuni minuti per guardarle e scoprire che cosa succede (le vignette rappresentano delle situazioni che conseguono alla pronuncia errata di alcune parole). Segue una fase conclusiva durante la quale gli studenti, divisi a coppie, scelgono una vignetta e ne scrivono la didascalia. Ogni frase, apposta sotto la vignetta relativa, verrà poi letta dai compagni.

Soluzioni vignette

- basta-pasta; saldi-salti; bollo-pollo; vermi-fermi; bere-pere; galli-calli; gesso-cesso; frangia-Francia.

A	B	A	B
bastone	*pastone*	va	*fa*
basta	*pasta*	quando	*quanto*
dopo	*topo*	gambo	*campo*
dorso	*torso*	ancora	*angora*
vendo	*vento*	basso	*passo*
banca	*panca*	gara	*cara*
bigiare	*pigiare*	due	*tue*
bollo	*pollo*	cambi	*campi*
bere	*pere*	barare	*parare*
gelo	*cielo*	vada	*fata*
giglio	*ciglio*	dado	*dato*
gesto	*cesto*	rido	*rito*
genere	*cenere*	mondare	*montare*
voglia	*foglia*	viva	*fifa*
bomba	*pompa*	ambi	*ampi*
tondo	*tonto*	rombo	*rompo*
cugina	*cucina*	leggo	*lecco*
mango	*manco*	vanti	*fanti*
Gina	*Cina*	babà	*papà*
stanga	*stanca*	faggio	*faccio*

Diana boutique
50%
META' PREZZO

ITALIA

STOP

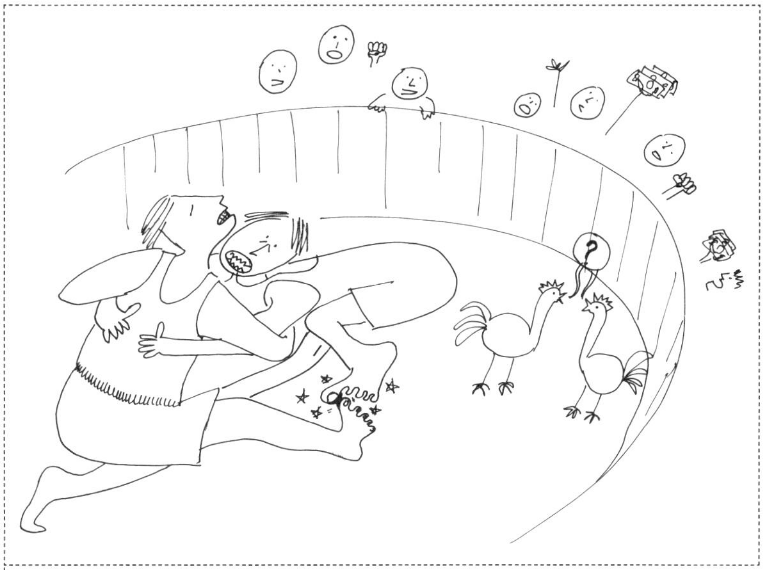

Lui

Voilà!

20. I suoni della s

L'attività si svolge in tre fasi durante le quali gli studenti:

- **Fase 1:** familiarizzano con i due suoni della lettera *s* attraverso una riflessione e un'attività di ascolto (Scheda A).
- **Fase 2:** imparano quando pronunciare [s] e quando [z] (consegne A e B).
- **Fase 3:** si esercitano nella pronuncia dei due suoni attraverso un'attività a squadre (palettine [s]-[z]).

Fase 1

Obiettivo *Riconoscimento delle opposizioni fonologiche [s]-[z]*
Abilità *R*
Modalità *Individuale e coppie*
Materiale *1 testo poesia "Preso passero perso" (Scheda A)*
CD 17

Istruzioni

- Spiegare agli studenti che faranno un'attività di fonetica utile per riflettere su alcuni suoni della lingua italiana, in particolare sui suoni della *s*. In italiano infatti la lettera *s* viene pronunciata talvolta [s], talvolta [z], secondo regole precise che verranno delineate nel corso dell'attività.
- Far pronunciare agli studenti i due suoni e precisare che l'unica differenza sta nella vibrazione delle corde vocali; sono in grado di percepire la differenza? Quale dei due suoni è sordo (assenza di vibrazioni)? Quale sonoro (presenza di vibrazioni)?
- Distribuire il testo della poesia a ogni studente (Scheda A).
- Gli studenti ascoltano la poesia dal CD (traccia n° 17) e segnano il suono che sentono. Segue un secondo ascolto per un controllo individuale (traccia n° 17) e, al termine, un controllo a coppie. Si può anche consegnare a ogni coppia il testo con la soluzione (pag. 88).

Fase 2

Obiettivo *Analisi regole fonologiche delle opposizioni [s]-[z]*
Abilità *R*
Modalità *Gruppi*
Materiale *1 testo poesia "Preso passero perso" (Scheda A); cartoncini Scheda B (4 consegne A e 4 consegne B); 8 buste*

Istruzioni

- Dividere gli studenti in due gruppi (A e B) e consegnare a ogni gruppo le rispettive consegne, ognuna in una busta chiusa e numerata (le 4 consegne A al gruppo A e le 4 consegne B al gruppo B). Specificare che per fare l'attività avranno bisogno del testo della poesia su cui hanno lavorato in precedenza e che devono aprire le buste una per volta solo dopo aver terminato quanto chiesto in ciascuna busta.

- Dopo aver specificato che generalmente la *s* si pronuncia sorda, ma che vi sono casi (quelli presentati nelle consegne) in cui la *s* è sonora, dividere gli studenti in modo da formare delle coppie costituite da un componente del gruppo A e un componente del gruppo B. Gli studenti dovranno spiegare al compagno la regola trovata, facendo degli esempi, assicurandosi che il partner abbia capito e correggendo eventuali errori.

Fase 3

Obiettivo *Produzione orale delle opposizioni fonologiche [s]-[z]*

Abilità *PO*

Modalità *Squadre*

Materiale *Una palettina [s]-[z] e una Scheda C (per ogni studente); 1 set di 18 cartoncini con parole Scheda D (per l'insegnante)*

CD 18

Istruzioni

- Far alzare gli studenti e dividerli in due squadre; e distribuire a ciascun componente una palettina [s]-[z].

- Ogni squadra deve disporsi in un cerchio chiuso (come nel football americano). L'insegnante sceglie un cartoncino della Scheda B e alzandolo mostra ad entrambe le squadre la parola che c'è scritta senza pronunciarla. Gli studenti, dopo averla vista, si chiudono nel cerchio della propria squadra e decidono la pronuncia della parola secondo le regole appena imparate, mostrandosi le palettine in silenzio. Non devono parlare per non suggerire all'altra squadra.

- Quando i componenti delle due squadre hanno deciso, un portavoce di ogni gruppo legge la parola e fa guadagnare un punto alla propria squadra se la pronuncia è corretta.

- Una volta attribuito il punto estrarre un altro cartoncino e mostrare una nuova parola: ad ogni parola mostrata dall'insegnante cambiano i portavoce delle due squadre in modo che tutti gli studenti leggano almeno un paio di parole a testa.

- Proseguire così fino ad esaurimento delle 18 parole (l'insegnante può diminuire il numero delle parole che gli studenti devono pronunciare avendo però cura di scegliere esempi che inducano gli studenti a produrre entrambi i suoni in questione).

- Terminare l'attività con un ascolto dal CD (traccia n° 18) delle 18 parole del gioco a squadre.

Preso passero perso

Soluzioni

[z] [s] [s]
Preso passero perso

[s] [z] [s]
stupito sdraiato stonato

[z] [s] [z]
quasi fosse sballato,

[z] [z] [z]
arreso sbatte impreciso

[s] [s] [s] [z]
solo sollievo un sorriso

[z] [s] [s]
o confuso sussurro

[s] [s] [s]
scontato è il suo sogno

[s] [z]
con solerzia esaudito:

[s] [s]
salito in solaio

[s] [s]
(solare di suo)

[s]
lasciato l'assito

[s] [s] [s]
lo si spinge nel sole

[s] [z]
con soffio improvviso.

[s] [s] [s] [s]
Lui strilla, sfarfalla, s'arresta,

[s] [s] [s] [s]
s'abbassa, solleva gli spoiler.

[s] [s] [s] [s] [z]
Svolazza su siepi, su case,

[s] [z] [s] [z] [s] [s]
su chiese, su cose, su estivi

[s] [s] [s] [s]
silenzi, su splendidi siti.

[s] [s] [s] [s] [s]
E sfida la sorte, a spasso sereno

[s] [s] [s]
adesso fischia sicuro

[z] [s]
smargiasso e un po' scemo.

La poesia "Preso passero perso" è stata composta e interpretata espressamente per questo testo dal musicista e compositore Gianni Mimmo che qui ringraziamo vivamente.

Preso passero perso

[s] [z] [s] [z] [s] [z]
Preso passero perso

[s] [z] [s] [z] [s] [z]
stupito sdraiato stonato

[s] [z] [s] [z] [s] [z]
quasi fosse sballato,

[s] [z] [s] [z] [s] [z]
arreso sbatte impreciso

[s] [z] [s] [z] [s] [z] [s] [z]
solo sollievo un sorriso

[s] [z] [s] [z] [s] [z]
o confuso sussurro

[s] [z] [s] [z] [s] [z]
scontato è il suo sogno

[s] [z] [s] [z]
con solerzia esaudito:

[s] [z] [s] [z]
salito in solaio

[s] [z] [s] [z]
(solare di suo)

[s] [z]
lasciato l'assito

[s] [z] [s] [z] [s] [z]
lo si spinge nel sole

[s] [z] [s] [z]
con soffio improvviso.

[s] [z] [s] [z] [s] [z] [s] [z]
Lui strilla, sfarfalla, s'arresta,

[s] [z] [s] [z] [s] [z] [s] [z]
s'abbassa, solleva gli spoiler.

[s] [z] [s] [z] [s] [z] [s] [z] [s] [z]
Svolazza su siepi, su case,

[s] [z] [s] [z] [s] [z] [s] [z] [s] [z] [s] [z] [s] [z]
su chiese, su cose, su estivi

[s] [z] [s] [z] [s] [z] [s] [z]
silenzi, su splendidi siti.

[s] [z] [s] [z] [s] [z] [s] [z] [s] [z]
E sfida la sorte, a spasso sereno

[s] [z] [s] [z] [s] [z]
adesso fischia sicuro

[s] [z] [s] [z]
smargiasso e un po' scemo.

Gianni Mimmo

Consegne A

1.A
Cercate nel testo le parole che contengono una ***s*** fra due vocali.

2.A
Ricorda:
la pronuncia della ***s*** fra vocali è sempre [z].

3.A
Scrivete qualche altro esempio di parole che contengono una ***s*** fra due vocali.

4.A
Provate adesso a pronunciare le parole che avete trovato.

Consegne B

1.B
Cercate nel testo le parole che contengono una ***s*** seguita da consonante sonora.

2.B
Ricorda:
La pronuncia della ***s*** seguita da consonante sonora è sempre [z].

3.B
Scrivete qualche altro esempio di parole che contengono una ***s*** seguita da consonante sonora.

4.B
Provate adesso a pronunciare le parole che avete trovato.

[s]

[z]

[s]

[z]

[s]

[z]

sdentato	presagio
scatto	dissociarsi
disgelo	morso
vasino	svitare
rospo	abside
snervare	corrosione
polsino	trasmigrazioni
distico	usuraio
sgattaiolare	asfaltare

21. Dillo coi fiori

Obiettivo *Pratica di suoni spesso confusi (o di difficile pronuncia)*
Abilità *R/PO*
Modalità *Individuale e gruppo classe*
Materiale *Strofe poesia (Scheda A); 22 carte (Scheda B: sezione apparato fonatorio e istruzioni per la realizzazione dei suoni)*
CD 19-49

Preparazione

- Dire agli studenti che faranno un'attività di fonetica utile per eliminare alcuni errori di pronuncia tipici delle varie nazionalità.

- Distribuire agli studenti le strofe della poesia (Scheda A) secondo i problemi fonologici che essi presentano (es. a ispanofoni assegnare la strofa relativa al suono [v]). È anche possibile lasciare che siano gli studenti a scegliere la strofa che contiene i suoni che percepiscono come i più difficili per loro o distribuire più strofe (es. [b] [v]). Le strofe sono volutamente complesse in modo che gli studenti si concentrino sui suoni e non sui significati.

- Dire che faranno un primo ascolto durante il quale dovranno segnare tutto ciò che serve loro per leggere la propria strofa il più correttamente possibile (le pause, gli innalzamenti dell'intonazione, ecc): potranno usare simboli fonetici ma anche virgole, punti, trattini, ecc. e tutto ciò che può essere loro utile. (sono state evidenziate le vocali su cui cade l'accento).

- Ascoltare le tracce corrispondenti alle strofe trattate (es. per il suono [b] traccia 19).

- Procedere all'ascolto un numero sufficiente di volte per permettere agli studenti di seguire la consegna (non meno di due o tre volte). È anche possibile lasciare libero uso del lettore CD agli studenti; in questo caso l'insegnante può uscire dall'aula e:

  - dare un tempo massimo per la fase di ascolto;
  - chiedere di essere chiamata/o una volta che gli studenti si sentono pronti.

- Distribuire agli studenti le carte della Scheda B (ciascuno riceverà la carta col suono su cui deve lavorare).

- Chiedere agli studenti di prepararsi a declamare la loro strofa (circa 7-10 minuti); l'insegnante è a disposizione per qualsiasi chiarimento.

- Chiedere agli studenti di disporsi in cerchio e di leggere la propria strofa. L'insegnante non interviene.

- L'attività non prevede una correzione in plenum; è possibile però registrare su una cassetta la fase finale dell'attività (la lettura in cerchio) per farne successivamente un confronto con la pronuncia della registrazione.

CD 19 [b]	Bella robinia, non t'arrabbiare! Baciami, abbracciami, non borbottare!
CD 20 [ʧ]	Sbocciano i fiori d'arancia, cieco è l'amore! Non cincischiamo più!
CD 21 [k]	Nell'ikebana un colchico ti metto per dirti che per me tu sei perfetto!
CD 22 [d]	Un dente di leone didattico ti dice: "T'odio, Dio mio!"
CD 23 [d]	Digitale che dondoli dolce, dirimi il dilemma: gli duole?
CD 24 [f]	Oh mio asfodelo! Sei fanfarone quando sfoderi il sermone!
CD 25 [ʤ]	Giallo dev'essere il giaggiolo per farsi perdonare d'un oltraggio
CD 26 [ʤ]	Acquilegia e piantaggine non mostrano cuore; se mai dabbenaggine!
CD 27 [g]	Agave aguzza, sei come la gazza! Ti giudicavo onesta e invece ladra sei, ragazza!
CD 28 [g]	Mughetto tra le spighe ti metto: vorrei legarmi a te come al mio gatto!
CD 29 [l]	Olivello: ti par bello farmi agli altri lo zimbello?
CD 30 [l]	Se le dalie mandi a lei alienato o lieto sei
CD 31 [l]	Lilla è il glicine fatale. Ma lo sai che puoi far male?
CD 32 [ʎ]	Profumato caprifoglio: voglio star con te! Lo voglio!
CD 33 [ʎ]	Mandargli gigli bianchi vuol dir che hai gli occhi stanchi
CD 34 [m]	Dimmi mimosa gialla e polverosa! Ma è lui il mio vero amor?...o non è cosa?

CD 35 [n]	Ger**a**nio antico, pi**a**ngo sfin**i**to l'**u**nico am**i**co
CD 36 [p]	Pap**a**vero p**o**rpora s**e**nza prof**u**mo ti pi**a**ce pugn**a**re anche contro ness**u**no
CD 37 [p]	Pr**i**mula: "Sei pr**i**ma di primav**e**ra il fi**o**re. Mio am**o**re!"
CD 38 [r]	Rodod**e**ndro dor**a**to, p**o**rta con ard**o**r gi**o**ia all'am**a**to
CD 39 [s]	Giras**o**le, s**e**mpre s**o**lo s**ei**! C**o**sa s**ai** ch'**io** non s**o** dei f**a**tti mi**ei**?
CD 40 [z]	Narc**i**so, ti m**e**tto sull'avv**i**so se ti l**e**sino un sorr**i**so?
CD 41 [z]	Van**e**sio fiordal**i**so, t'avv**i**so! D'inv**i**dia son r**o**so!
CD 42 [t]	Torment**i**lla, che torm**e**nto av**e**rti att**o**rno **o**gni mom**e**nto
CD 43 [v]	Qu**a**nto v**a**le la lav**a**nda? È **o**vvio **a**nche a chi dom**a**nda
CD 44 [v]	Viol**e**tta, viol**e**nta sei, ma inv**a**no! Suvv**i**a! Vi**e**ni da m**e**! V**o**glio d**a**rti una m**a**no
CD 45 [ʃ]	Se d**o**ni il cresci**o**ne racc**o**nti il mag**o**ne che cr**e**sce e s'imp**o**ne
CD 46 [ts] [dz]	Per far sap**e**re che l'**o**zio ti zav**o**rra, azz**u**rre z**i**nnie e in pi**ù** qu**a**lche azal**e**a
CD 47 [ts] [dz]	Il corb**e**zzolo z**i**tto non st**a**... e l'azz**a**rdo premi**a**to sar**à**
CD 48 [ts]	Un m**a**zzo di genzi**a**ne per le n**o**zze ti m**a**ndo! Se non con m**e**, con chi? Dom**a**ndo...
CD 49 [ɲ]	S**o**gno un fi**o**re che ci ins**e**gni d'ignor**a**nza la verg**o**gna!

Le strofe sono di M. Luisa Turolla

G

Come si pronuncia il suono [ʤ]?
- Portare la punta della lingua verso il basso.
- La parte anteriore della lingua deve toccare la parte superiore della bocca nel punto che si trova fra gli alveoli e il palato.
- Le labbra sono in avanti e sono piuttosto arrotondate.
- L'aria è trattenuta all'interno della bocca.
- Staccare la lingua dalla parte superiore della bocca, lasciando all'aria trattenuta in bocca grande spazio per uscire.
- Le corde vocali devono vibrare.

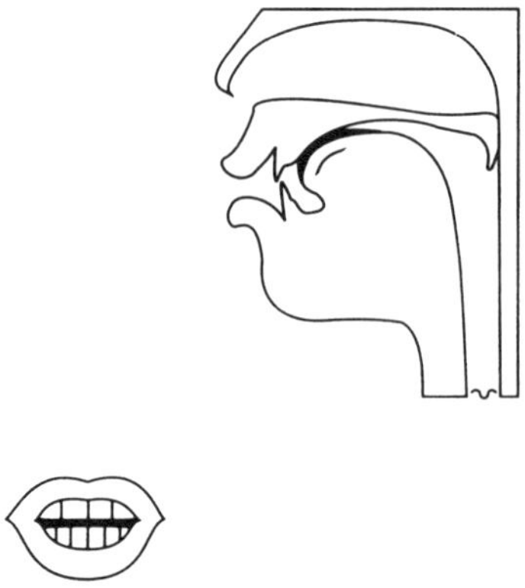

[ʤ]

Z

Come si pronuncia il suono [ʣ]?
- Portare la punta della lingua contro i denti superiori.
- Le labbra sono distese.
- L'aria è trattenuta all'interno della bocca.
- Staccare la lingua dai denti (spostandola di pochissimo dai denti) lasciando all'aria un piccolissimo spazio per uscire.
- Le corde vocali devono vibrare.

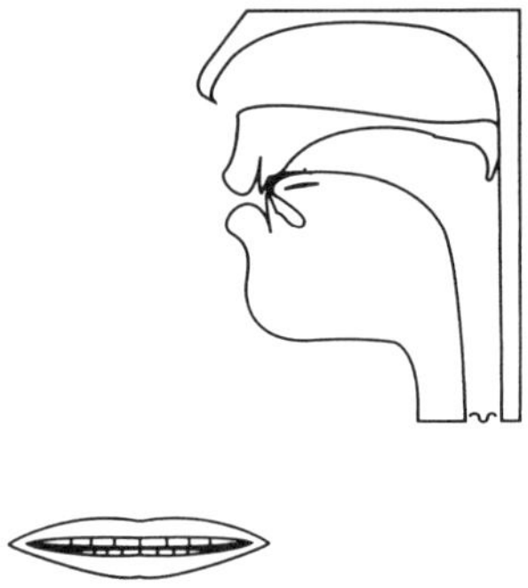

[ʣ]

Z

Come si pronuncia il suono [ʦ]?
- Portare la punta della lingua contro i denti superiori.
- Le labbra sono distese.
- L'aria è trattenuta all'interno della bocca.
- Staccare la lingua dai denti (spostandola di pochissimo dai denti) lasciando all'aria un piccolissimo spazio per uscire.
- Le corde vocali non devono vibrare.

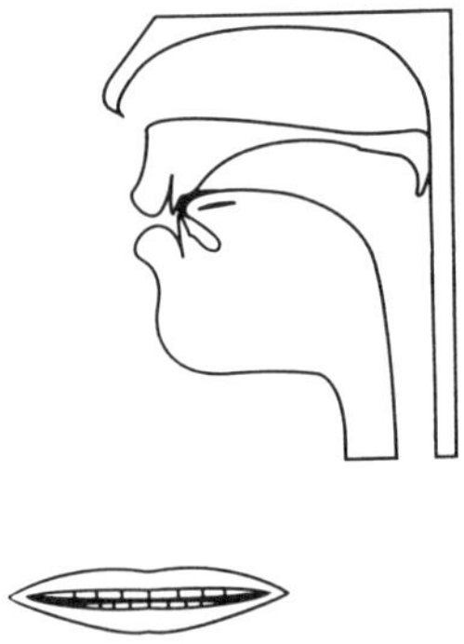

[ʦ]

M

Come si pronuncia il suono [m]?
- Chiudere completamente le labbra in modo che l'aria non possa uscire dalla bocca.
- Far uscire l'aria dal naso.
- Le corde vocali devono vibrare.

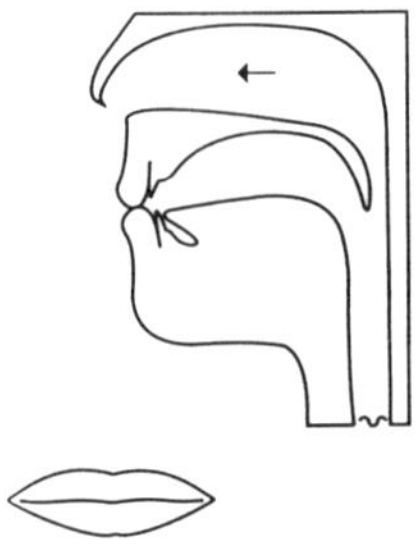

[m]

N

Come si pronuncia il suono [n]?
- Portare la punta della lingua contro gli alveoli.
- Bloccare il passaggio dell'aria dalla bocca.
- Far uscire l'aria dal naso.
- Le corde vocali devono vibrare.

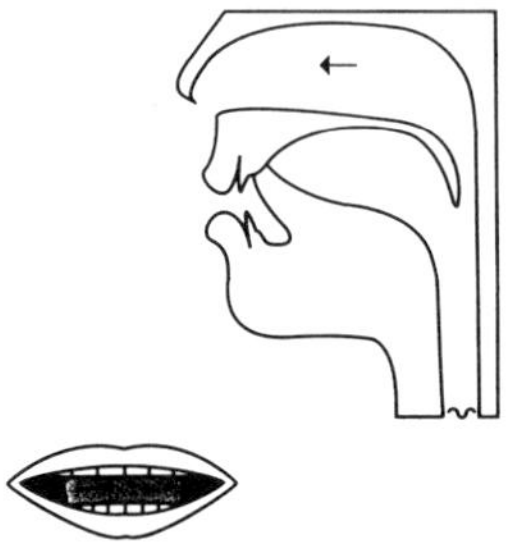

[n]

R

Come si pronuncia il suono [r]?
- La punta della lingua vibra contro gli alveoli.
- Le corde vocali vibrano.

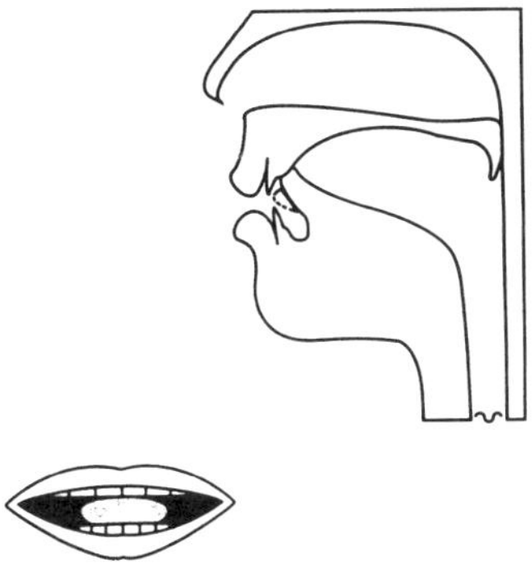

[r]

D

Come si pronuncia il suono [d]?
- Portare la punta della lingua contro i denti superiori.
- L'aria è trattenuta all'interno della bocca.
- Staccare la lingua dai denti in modo che l'aria abbia un grande passaggio per uscire.
- Le corde vocali devono vibrare.

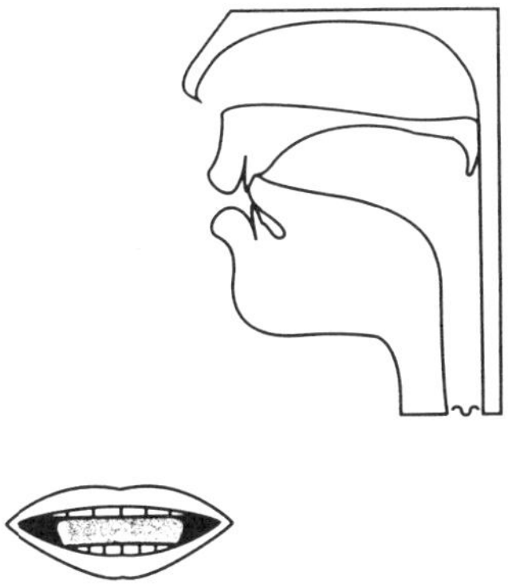

[d]

V

Come si pronuncia il suono [v]?
- Toccate con i denti superiori l'interno del labbro inferiore.
- Far uscire l'aria dalla bocca.
- Le corde vocali devono vibrare.

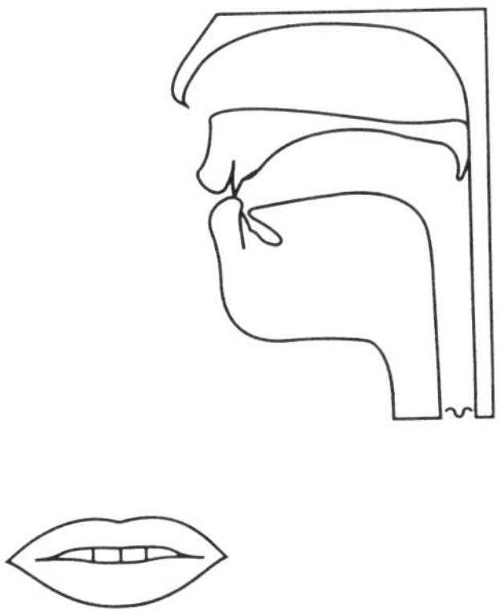

[v]

P

Come si pronuncia il suono [p]?
- Il labbro superiore e quello inferiore si toccano: la bocca è ben chiusa e trattiene l'aria all'interno della bocca.
- Aprire la bocca velocemente per far uscire l'aria.
- Le corde vocali non vibrano.

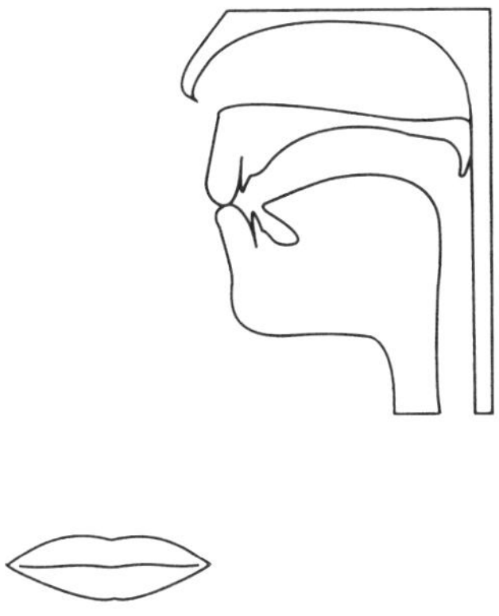

[p]

T
Come si pronuncia il suono [t]?
- Portare la punta della lingua contro i denti superiori.
- L'aria è trattenuta all'interno della bocca.
- Staccare la lingua dai denti in modo che l'aria abbia un grande passaggio per uscire.
- Le corde vocali non devono vibrare.

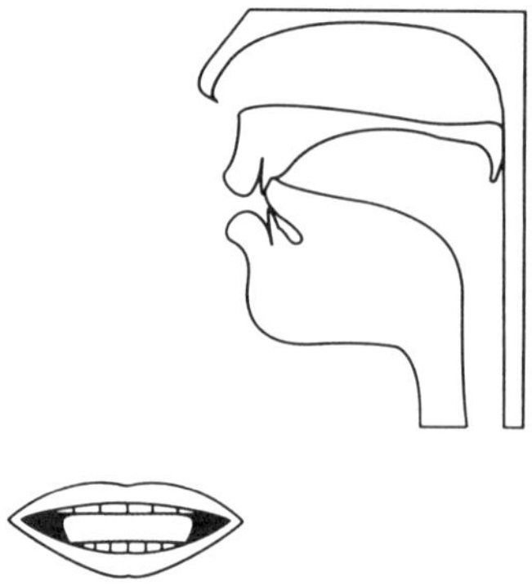

[t]

SCI
Come si pronuncia il suono [ʃ]?
- Portare la punta della lingua verso il basso.
- Avvicinare il dorso della lingua al palato (senza che lingua e palato entrino in contatto).
- Le labbra sono arrotondate e sono in avanti.
- L'aria esce dallo stretto passaggio lasciato fra lingua e palato.
- Le corde vocali non devono vibrare.

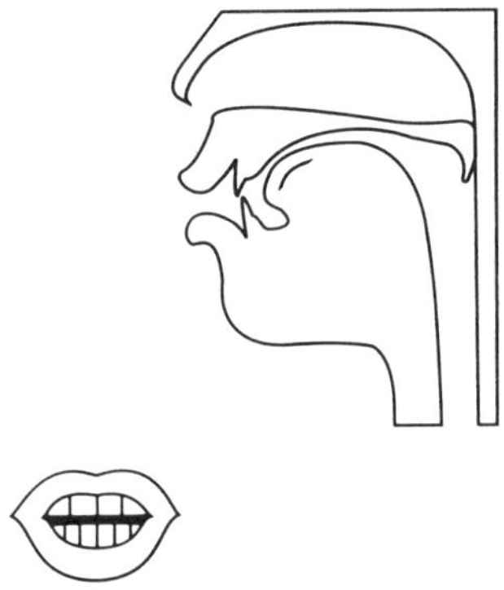

[ʃ]

B
Come si pronuncia il suono [b]?
- Il labbro superiore e quello inferiore si toccano: la bocca è ben chiusa e trattiene l'aria all'interno della bocca.
- Aprire la bocca velocemente per far uscire l'aria.
- Le corde vocali vibrano.

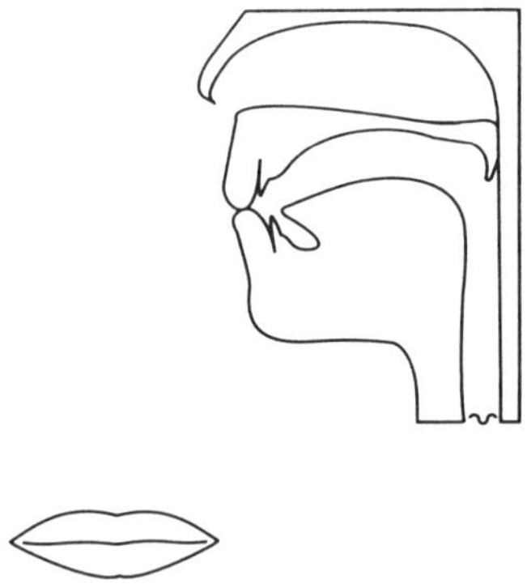

[b]

C
Come si pronuncia il suono [ʧ]?
- Portare la punta della lingua verso il basso.
- Appoggiare la parte anteriore della lingua nello spazio compreso tra gli alveoli e il palato.
- Le labbra sono arrotondate e sono in avanti.
- Staccare la lingua e far uscire l'aria dalla bocca.
- Le corde vocali non vibrano.

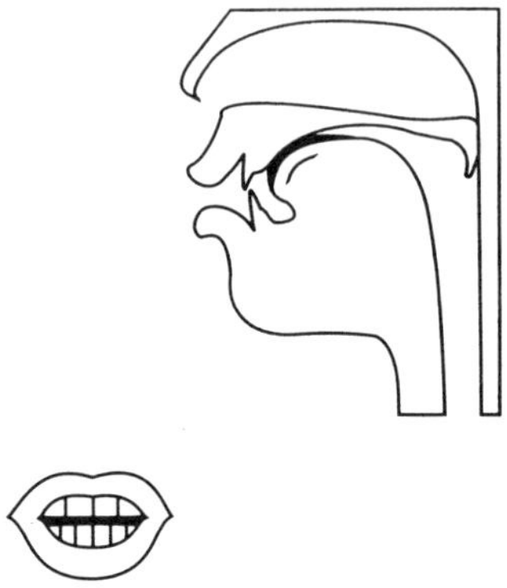

[ʧ]

F

Come si pronuncia il suono [f]?

- Appoggiare i denti superiori sulla parte interna del labbro inferiore.
- Far uscire l'aria dal piccolo spazio compreso fra denti e labbra.
- Le corde vocali non vibrano.

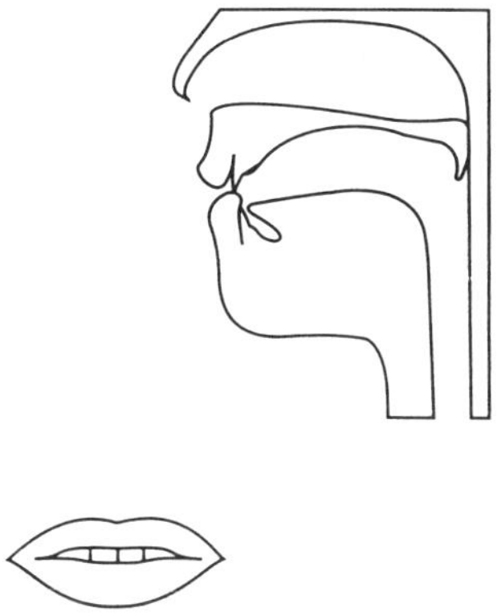

[f]

GLI

Come si pronuncia il suono [ʎ]?

- Portare la punta della lingua verso il basso.
- Portare il dorso della lingua contro il palato.
- Le labbra sono distese.
- L'aria esce dai lati della bocca.
- Le corde vocali devono vibrare.

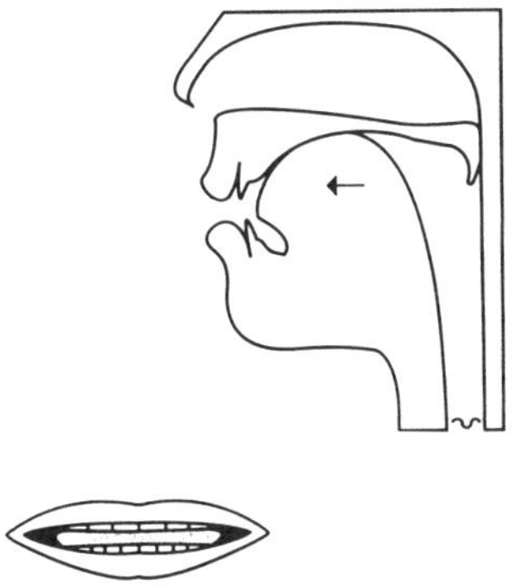

[ʎ]

L

Come si pronuncia il suono [l]?

- Portare la punta della lingua contro gli alveoli.
- L'aria esce dai lati della bocca.
- Le corde vocali devono vibrare.

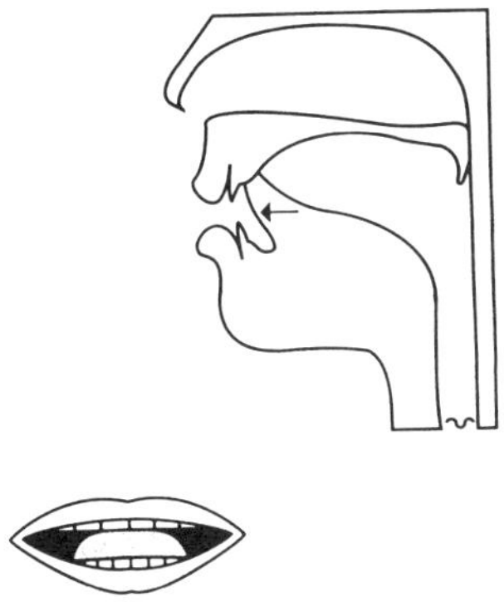

[l]

G

Come si pronuncia il suono [g]?

- Portare la parte posteriore del dorso della lingua contro il velo.
- Spingere la lingua conto il velo.
- Staccare la lingua dal velo permettendo all'aria di uscire dalla bocca.
- Le corde vocali devono vibrare.

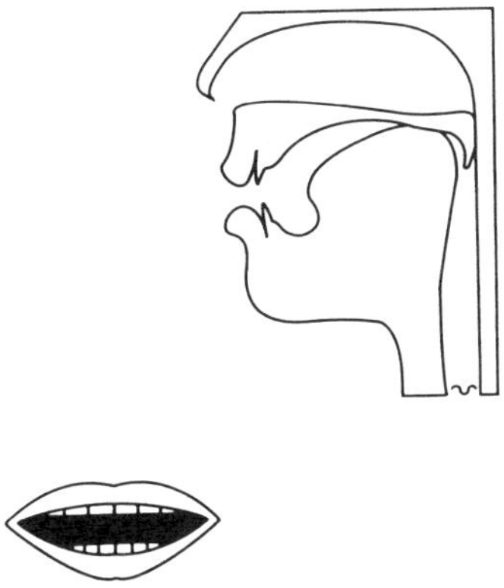

[g]

K
Come si pronuncia il suono [k]?
- Portare la parte posteriore del dorso della lingua contro il velo.
- Spingere la lingua conto il velo.
- Staccare la lingua dal velo permettendo all'aria di uscire dalla bocca.
- Le corde vocali non devono vibrare.

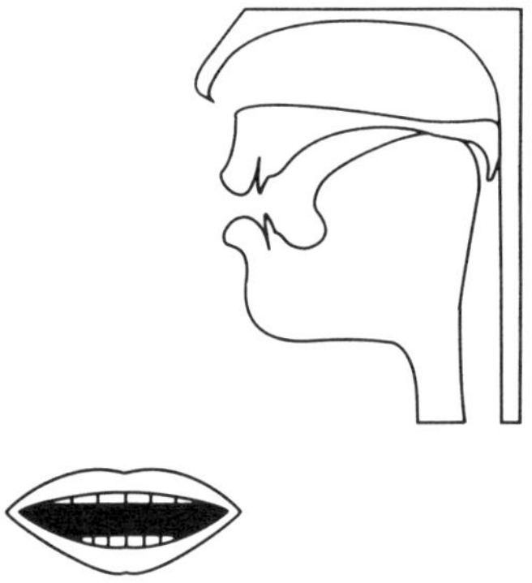

[k]

S
Come si pronuncia il suono [s]?
- Avvicinare la punta della lingua ai denti inferiori.
- L'aria esce dalla bocca passando per un canale molto stretto.
- Le corde vocali non vibrano.

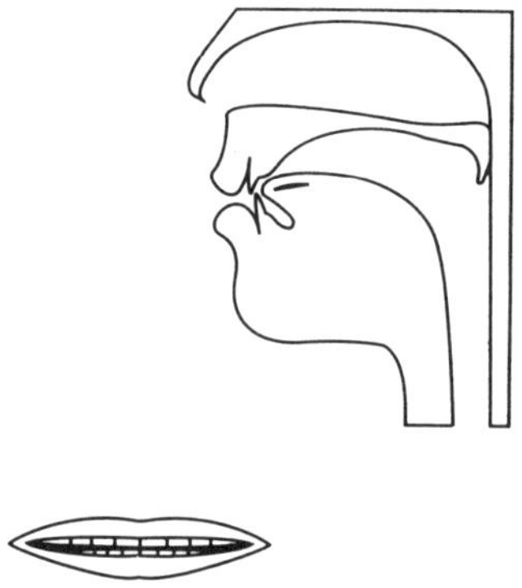

[s]

S
Come si pronuncia il suono [z]?
- Avvicinare la punta della lingua ai denti inferiori.
- L'aria esce dalla bocca passando per un canale molto stretto.
- Le corde vocali vibrano.

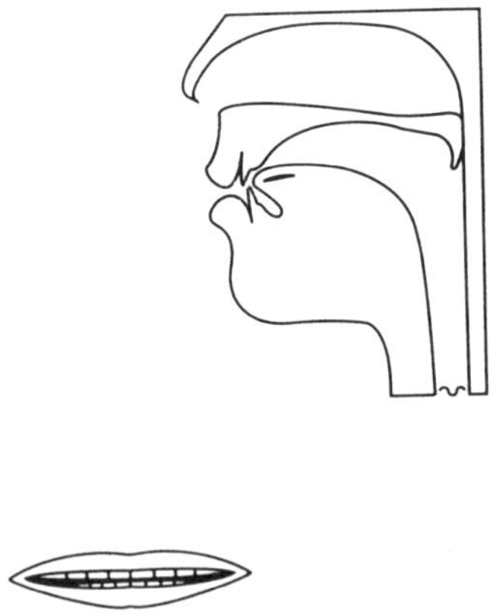

[z]

GN
Come si pronuncia il suono [ɲ]?
- Portare la punta della lingua verso il basso.
- Appoggiare il dorso della lingua contro il palato e chiudendo il passaggio dell'aria verso l'esterno.
- L'aria esce dal naso.
- Le corde vocali devono vibrare.

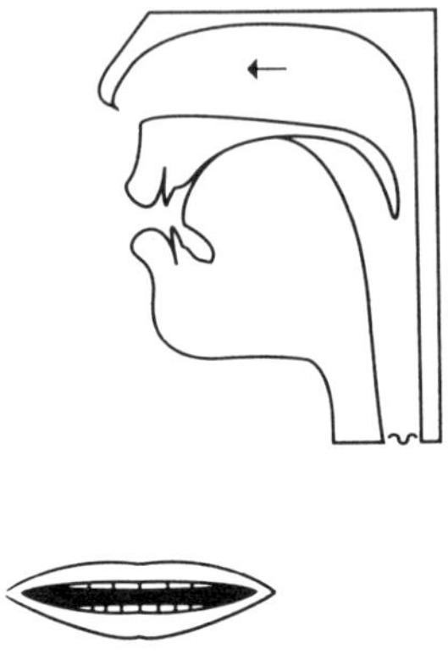

[ɲ]

I disegni sono tratti da L. Costamagna "Pronunciare l'italiano", Guerra, Perugia, 1990.

Esercizi di autoapprendimento

1.1. Ascolta i due suoni.
CD 50

b [b]   v [v]

1.2. Ascolta le parole e cancella il suono sbagliato.
CD 51

1. ca **[b]** **[v]** allo
2. a **[b]** **[v]** iatore
3. am **[b]** **[v]** bo
4. cam **[b]** **[v]** iale
5. o **[b]** **[v]** ale
6. **[b]** **[v]** eleno
7. tom **[b]** **[v]** ola
8. a **[b]** **[v]** ete
9. s **[b]** **[v]** itare
10. e **[b]** **[v]** ento
11. arri **[b]** **[v]** o
12. **[b]** **[v]** isogno
13. sga **[b]** **[v]** ello
14. s **[b]** **[v]** iluppo
15. **[b]** **[v]** endare

1.3. Riascolta e controlla.
CD 51

1.4. Riascolta e ripeti.
CD 51

2.1. Ascolta i due suoni.
CD 52

l [l]   r [r]

2.2. Ascolta le parole e cancella il suono sbagliato.
CD 53

1. ca **[r]** **[l]** ati
2. e **[r]** **[l]** egante
3. e **[r]** **[l]** ogio
4. a **[r]** **[l]** ido
5. e **[r]** **[l]** emento
6. a **[r]** **[l]** ticolo
7. pa **[r]** **[l]** acadute
8. po **[r]** **[l]** zione
9. b **[r]** **[l]** iglia
10. ca **[r]** **[l]** ciofo
11. ca **[r]** **[l]** ma
12. b **[r]** **[l]** ando
13. f **[r]** **[l]** onte
14. pa **[r]** **[l]** ese
15. pe **[r]** **[l]** iodo

2.3. Riascolta e controlla.
CD 53

2.4. Riascolta e ripeti.
CD 54

3.1. **Ascolta i due suoni.**
CD 54

c [ʧ] z [ʦ]

3.2. **Ascolta le parole e segna con una X il suono presente.**
CD 55

1.	[ʧ]	[ʦ]	6.	[ʧ]	[ʦ]
2.	[ʧ]	[ʦ]	7.	[ʧ]	[ʦ]
3.	[ʧ]	[ʦ]	8.	[ʧ]	[ʦ]
4.	[ʧ]	[ʦ]	9.	[ʧ]	[ʦ]
5.	[ʧ]	[ʦ]	10.	[ʧ]	[ʦ]

3.3. **Riascolta e controlla.**
CD 55

3.4. **Riascolta e scrivi la lettera mancante. Attenzione alle doppie!**
CD 55

Cap. 3
Suoni a confronto
teoria
attività
esercizi

1. can___one	6. a___ionare
2. a___ino	7. fra___ione
3. emo___ione	8. ___imelio
4. ___esto	9. belle___a
5. ___intura	10. vi___ini

3.5. **Riascolta, controlla e ripeti.**
CD 55

4.1. **Ascolta i due suoni.**
CD 56

[s] [z]

4.2. **Ascolta le parole e segna con una X il suono presente.**
CD 57

1. riso	[s]	[z]	6. esilio	[s]	[z]	11. misura	[s]	[z]
2. sdentato	[s]	[z]	7. sbagliare	[s]	[z]	12. sgombrare	[s]	[z]
3. studente	[s]	[z]	8. aspettare	[s]	[z]	13. sfidare	[s]	[z]
4. grasso	[s]	[z]	9. possibilità	[s]	[z]	14. processo	[s]	[z]
5. gas	[s]	[z]	10. console	[s]	[z]	15. seminare	[s]	[z]

4.3. **Riascolta e controlla.**
CD 57

4.4. **Riascolta e ripeti.**
CD 57

5.1. Ascolta i due suoni.
CD 58

p [p]   b [b]

5.2. Ascolta le parole e cancella il suono sbagliato.
CD 59

1. am **[p][b]** iente
2. **[p][b]** attuta
3. **[p][b]** arete
4. s **[p][b]** ecchio
5. **[p][b]** adile
6. **[p][b]** ala
7. tu **[p][b]** i
8. **[p][b]** avimento
9. **[p][b]** adre
10. com **[p][b]** inazione
11. ci **[p][b]** o
12. **[p][b]** iatto
13. tal **[p][b]** a
14. **[p][b]** itone
15. conta **[p][b]** ile

5.3. Riascolta e controlla.
CD 59

5.4. Riascolta e ripeti.
CD 59

6.1. Ascolta i due suoni.
CD 60

f [f]   v [v]

6.2. Ascolta le parole e cancella il suono sbagliato.
CD 61

1. ru **[f][v]** ido
2. ra **[f][v]** ano
3. ta **[f][v]** olata
4. s **[f][v]** ormato
5. tartu **[f][v]** o
6. to **[f][v]** aglia
7. ri **[f][v]** lesso
8. in **[f][v]** ito
9. ra **[f][v]** ioli
10. de **[f][v]** oto
11. ci **[f][v]** etta
12. an **[f][v]** ora
13. alco **[f][v]** a
14. ca **[f][v]** illo
15. sera **[f][v]** ico

6.3. Riascolta e controlla.
CD 61

6.4. Riascolta e ripeti.
CD 61

7.1. Ascolta i due suoni.
CD 62

d [d]   t [t]

7.2. Ascolta le parole e cancella il suono sbagliato.
CD 63

1. re [**t**][**d**] te
2. po [**t**][**d**] ere
3. ca [**t**][**d**] ere
4. pa [**t**][**d**] rino
5. pe [**t**][**d**] rolio
6. fo [**t**][**d**] one
7. a [**t**][**d**] omo
8. fo [**t**][**d**] era
9. cio [**t**][**d**] ola
10. crea [**t**][**d**] ura
11. mo [**t**][**d**] a
12. co [**t**][**d**] a
13. fo [**t**][**d**] o
14. o [**t**][**d**] iare
15. s [**t**][**d**] ima

7.3. Riascolta e controlla.
CD 63

7.4. Riascolta e ripeti.
CD 63

Capitolo 4

Vocali

Teoria e spunti di riflessione

Contrariamente a quanto accade per i suoni consonantici, la pronuncia dei suoni vocalici avviene senza che il flusso d'aria proveniente dai polmoni incontri ostacoli sul suo percorso verso l'esterno: sebbene infatti ai diversi suoni corrisponda una distanza più o meno ampia fra il dorso della lingua e la volta palatale, non si verifica mai un contatto fra due articolatori con il risultato che il suono prodotto è libero e nitido. L'analisi dell'articolazione delle vocali non può perciò tener conto di parametri quali il punto e il modo di articolazione, indispensabili per la classificazione delle consonanti, e nemmeno della sonorità in quanto tutte le vocali sono sonore; i criteri di classificazione dei suoni vocalici riguardano i movimenti del dorso della lingua all'interno della cavità orale e la posizione delle labbra.
Il dorso della lingua compie due movimenti: orizzontale e verticale.

MOVIMENTO ORIZZONTALE: il dorso della lingua assume posizioni comprese fra il palato e il velo e ciò permette di classificare i suoni vocalici dell'italiano in palatali (o anteriori), prevelari (o centrali) e velari (o posteriori).

MOVIMENTO VERTICALE: il dorso della lingua si alza e si abbassa rispetto all'arcata palatale consentendo una classificazione dei suoni in alti, medioalti, mediobassi e bassi.

Tutte le lingue del mondo articolano le vocali compiendo questi due movimenti: è possibile pertanto delimitare un'area ben definita della cavità orale, a forma di quadrilatero, all'interno della quale nascono tutti i suoni vocalici presenti in tutte le lingue del mondo. Tale zona, come mostra la figura seguente*, si estende dal palato al velo e dalla base della cavità orale fino a sfiorare il palato.

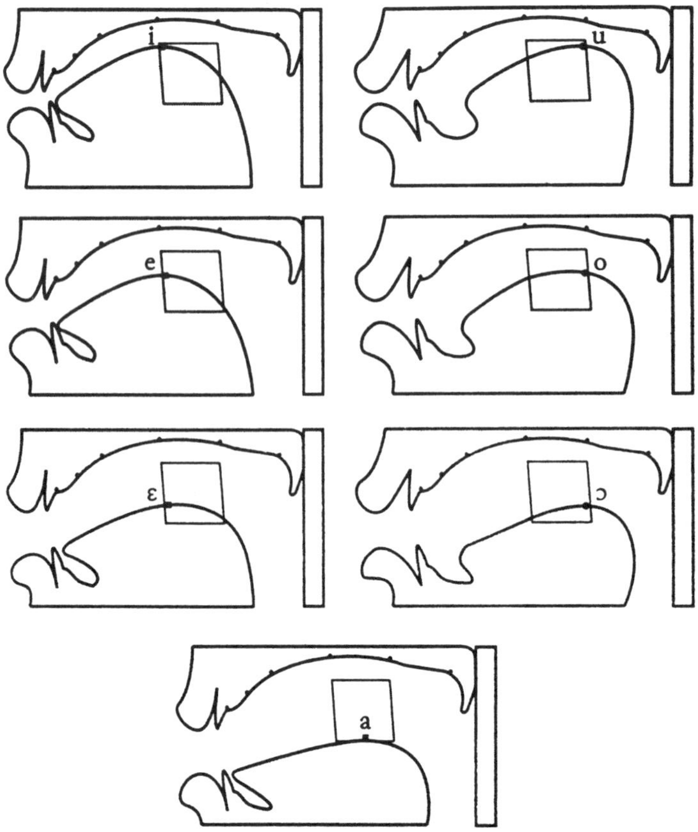

Da Canepari L. "Il MaPI, Manuale di pronuncia Italiana", Zanichelli, Bologna, 1999.

L'ultimo elemento da considerare nell'analisi dell'articolazione dei suoni vocalici è la posizione assunta dalle labbra.

POSIZIONE DELLE LABBRA: le labbra si distendono, si rilassano o si arrotondano a seconda del suono vocalico prodotto dando luogo a una classificazione dei suoni in arrotondati o non-arrotondati.

La figura seguente* mostra il maggiore o minore grado di arrotondamento delle labbra nella pronuncia dei fonemi vocalici dell'italiano.

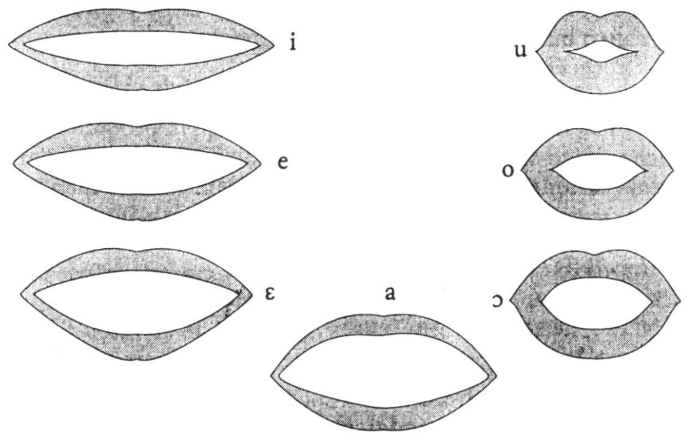

Tutti le informazioni sin qui fornite possono essere sintetizzate nello schema che segue:**

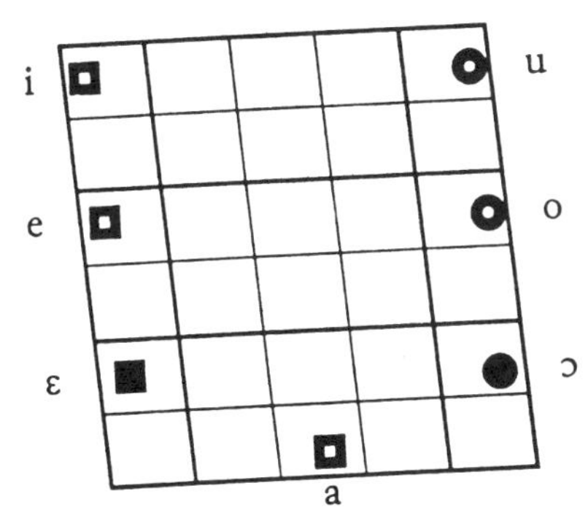

Le linee verticali del quadrilatero indicano i punti esatti ove si trova il dorso della lingua spostandosi orizzontalmente nello spazio compreso fra palato e velo durante la pronuncia di ciascun suono vocalico. Il dorso della lingua, nel suo movimento orizzontale, si trova quindi in posizione:

- posteriore per la pronuncia di [u] [o] [ɔ];
- centrale per la pronuncia di [a]
- anteriore per la pronuncia di [ɛ] [e] [i]

Le linee orizzontali del quadrilatero indicano invece i gradi di elevazione che il dorso della lingua effettua muovendosi verticalmente avvicinandosi o allontanandosi dalla volta palatale. Il dorso della lingua, nel suo movimento verticale:

- si avvicina molto alla volta palatale nella realizzazione dei suoni alti [i] [u]
- si abbassa un poco per realizzare i suoni medioalti [e] [o]
- si abbassa ulteriormente per la pronuncia dei suoni semibassi [ɛ] [ɔ]
- raggiunge il punto di massima distanza dalla volta palatale per realizzare il suono basso [a]

Il quadrilatero fornisce anche indicazioni riguardo all'arrotondamento delle labbra: i suoni arrotondati [u] [o] [ɔ] sono rappresentati con un cerchietto, i suoni non arrotondati [i] [e] [ɛ] [a] sono indicati con un quadratino.

*Da Canepari L., op cit.
**Ibidem*

Il centro bianco indica che il fonema può trovarsi in sillaba accentata o non accentata; l'assenza del bianco indica invece che il fonema si trova solo in sillaba accentata*. Come risulta dallo schema alle 5 vocali grafiche corrispondono 7 fonemi: le lettere *e* e *o* hanno ciascuna due realizzazioni fonetiche, rispettivamente [e] [ɛ] - [o] [ɔ]**.

Per quanto riguarda la pronuncia aperta o chiusa delle vocali *e* ed *o* la situazione è molto confusa ed è quindi meglio astenersi dal dare regole agli studenti. La realizzazione aperta o chiusa di questi suoni vocalici infatti dipende dalla variante regionale del parlante e spesso anche da varianti individuali che mal si prestano a qualsiasi tentativo di sistematizzazione. Può essere utile insistere sui due suoni di *e* ed *o* affinché gli studenti ne percepiscano la differenza e sappiano come pronunciare le lettere quando sono contraddistinte da accento grafico (es. *è*, *perché*, *può*).

Di seguito, ecco qualche indicazione riguardo alla difficoltà che gli studenti stranieri incontrano nella pronuncia delle vocali:

- la durata vocalica è distintiva in inglese e in tedesco, mentre non lo è in italiano. La tendenza di studenti anglofoni e tedescofoni è quindi quella di allungare i suoni vocalici in quei contesti in cui nella loro lingua realizzano una maggior durata;

- l'italiano non ha vocali nasali, che invece sono presenti in portoghese e in francese;

- gli studenti slavi hanno incertezze sulla corretta pronuncia delle vocali *a/o i/e*;

- in coreano non esiste il suono [e] ma una realizzazione intermedia [ə];

- gli studenti giapponesi hanno difficoltà a pronunciare il suono [u] soprattutto per il mancato arrotondamento delle labbra.

In linea di massima molte imprecisioni nella pronuncia delle vocali nascono dall'errata posizione delle labbra, elemento che più di tutti modifica in modo consistente la realizzazione fonetica dei suoni vocalici. L'insegnante che osservi bene la posizione delle labbra si renderà conto che spesso è sufficiente operare lievi modifiche a tali posizioni, in termini di distensione o arrotondamento, per ottenere risultati apprezzabili.

Per concludere, ecco alcuni spunti di riflessione che si potranno proporre agli studenti per valutarne le conoscenze pregresse o per introdurre un argomento e le relative attività:

- Quante sono le vocali nella loro lingua?
- Quali sono?
- Hanno tutte la stessa durata?

**Esiste una versione più completa del quadrilatero che presenta due foni intermedi [E] [O]*
***Per la pronuncia vedi simboli IPA nell'**Introduzione alla fonetica italiana** a pag. 11.*

22. Allo specchio

Obiettivo *Riconoscimento e produzione dei 7 fonemi vocalici [a] [e] [ɛ] [i] [ɔ] [o] [u]*
Abilità *M*
Modalità *Gruppo classe*
Materiale *1 set di 7 carte (Scheda)*
CD 64

Istruzioni

- Spiegare agli studenti che faranno un'attività di fonetica utile per riflettere sulla pronuncia delle vocali.

- Disporre le 7 carte scoperte della Scheda (con labbra) al centro dell'aula e invitare gli studenti a formare un cerchio intorno alle stesse. Anche l'insegnante prende parte alla disposizione in cerchio.

- Prendere una carta e, mostrandola agli studenti, pronunciare il suono vocalico corrispondente; gli studenti ripetono in coro concentrandosi sulla posizione delle labbra. Continuare fino a esaurimento delle carte prestando particolare attenzione alla pronuncia dei suoni [e] [ɛ] [ɔ] [o] . Durante l'attività è possibile far riflettere gli studenti sulla posizione delle labbra (arrotondate o distese) e sui movimenti della lingua (orizzontale e verticale)*.

- Invitare gli studenti ad ascoltare e ripetere in coro la registrazione (traccia 64) di alcuni suoni vocalici pronunciati con intonazioni diverse: si tratta di segnali discorsivi che cambiano di significato a seconda di come vengono pronunciati; al termine si può riascoltare la registrazione dei segnali discorsivi per discuterne il significato.

Soluzioni

- Le labbra della Scheda corrispondono ai seguenti suoni:

1 = [i] 2 = [e] 3 = [ɛ] 4 = [u] 5 = [o] 6 = [ɔ] 7 = [a]

- Segnali discorsivi registrati nel CD:

Ah (= *Ho capito*)
Eh? (= *Non ho sentito, non ho capito*)
E...? (*come per chiedere di continuare una frase*)
Ah ah (*come per dire: Ecco! qui ti volevo!*)
Eh! (= *Ma non dirne più!*)
Oh... (= *Che peccato*)
Oh, oh (*come per dire: Ops, c'è qualcosa che non va*)
Uh! (= *Mi è venuto in mente qualcosa, un'idea...*)
Ih, ih (*risata ironica*)

*Vedi anche **Teoria e spunti di riflessione** in apertura del capitolo.*

1

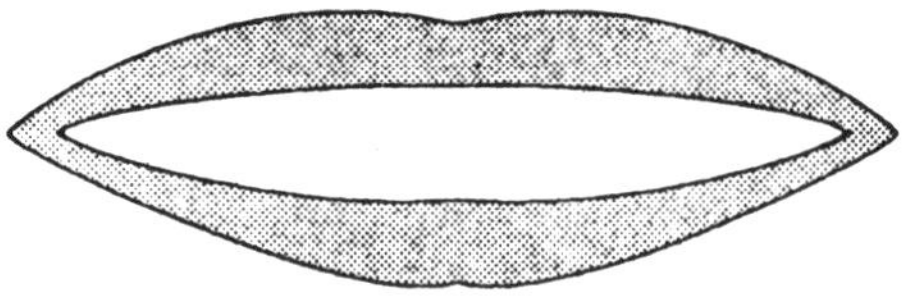

4

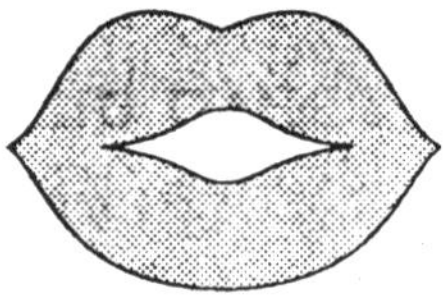

2

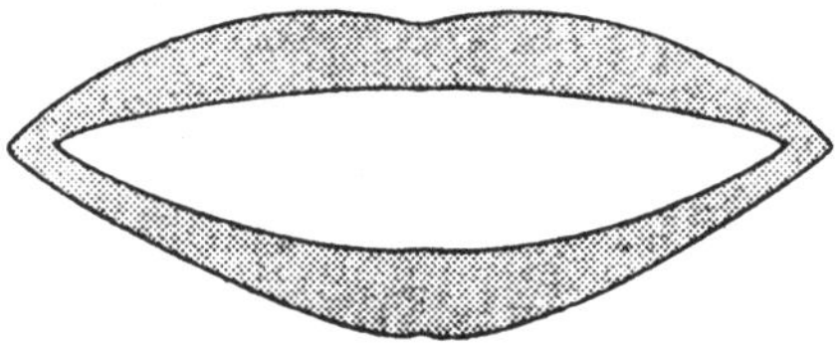

5

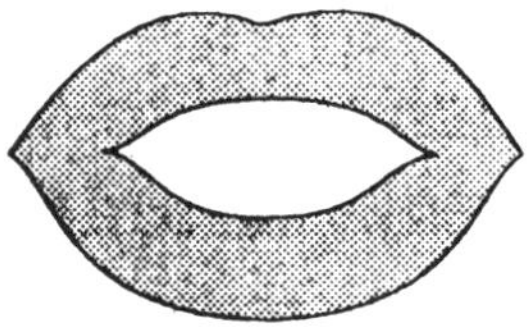

3

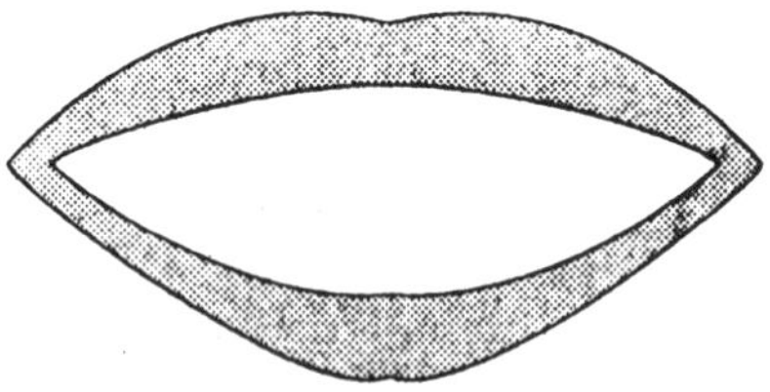

6

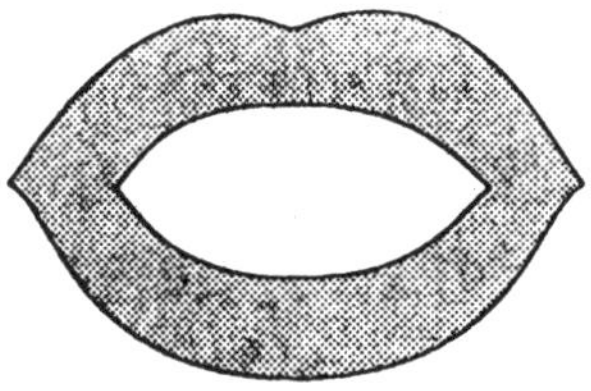

7

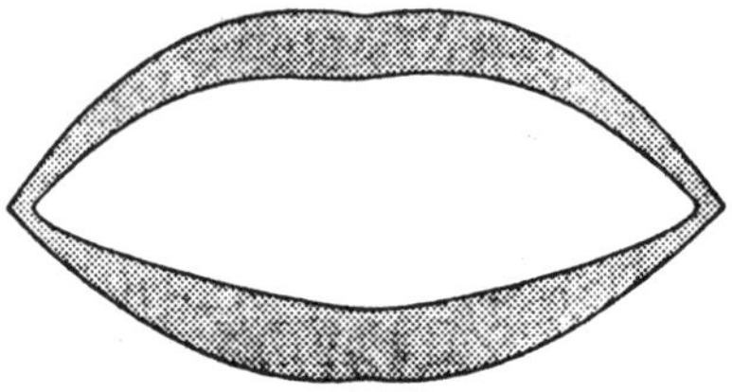

23. Leggere le labbra

Obiettivo *Riconoscimento e produzione dei 7 fonemi vocalici [a] [e] [ɛ] [i] [ɔ] [o] [u]*
Abilità *PO*
Modalità *Coppie*
Materiale *1 set di 7 carte con disegni di labbra dell'attività 22* ***Allo specchio*** *(pag. 110); 1 set di 7 simboli fonetici (Scheda A); 1 set di 21 carte labbra/vocali (Scheda B)* e un sacchetto o una busta per ogni coppia*

Istruzioni

- Spiegare agli studenti che faranno un'attività di fonetica utile per migliorare la pronuncia delle vocali.

- Disporre le 7 carte con i disegni delle labbra (pag. 110) scoperte al centro dell'aula e invitare gli studenti a formare un cerchio intorno alle stesse. L'insegnante resta fuori dal cerchio.

- Chiedere di attribuire ad ogni disegno il suono vocalico corrispondente. Controllare la correttezza; le labbra rappresentano i suoni [a] [e] [i] [ɔ] [u].

- Prendere parte al cerchio e invitare gli studenti a ripetere un po' di volte correggendo eventuali errori di pronuncia.

- Introdurre il concetto della doppia pronuncia di *e* ([e] [ɛ]) ed *o* ([ɔ] [o]) chiedendo agli studenti se percepiscono la differenza e invitandoli a pronunciare qualche volta questi due suoni. A questo punto gli studenti hanno preso in considerazione tutti i suoni vocalici dell'italiano e sono pronti per imparare i simboli fonetici corrispondenti. Distribuire agli studenti le carte con i 7 simboli fonetici (Scheda A) e chiedere di associarli ai disegni delle labbra. Farli leggere un paio di volte in modo che li memorizzino e si preparino all'attività che segue.

- Dividere gli studenti a coppie (studente A + studente B) e distribuire ad ogni coppia un set di carte 21 labbra-vocali (Scheda B) messe precedentemente in un sacchetto o in una busta. A turno gli studenti pescano una carta e, mostrando il retro al compagno, leggono il simbolo fonetico o le labbra riportate. Nel caso in cui lo studente A legga il simbolo fonetico, lo studente B controlla la posizione delle labbra; se lo studente A legge le labbra lo studente B controlla che l'interpretazione del disegno sia corretta.

**È meglio fotocopiare i set su cartoncino per evitare che gli studenti durante l'attività vedano in controluce il lato opposto della carta.*

[a]

[e]

[ɛ]

[i]

[o]

[ɔ]

[u]

[a]	[a]	[a]
[ɛ]	[ɛ]	[ɛ]
[e]	[e]	[e]
[i]	[i]	[i]
[ɔ]	[ɔ]	[ɔ]
[o]	[o]	[o]
[u]	[u]	[u]

24. AAA cercasi

Far precedere questa attività da un'attività a scelta tra ***Allo specchio*** e ***Leggere le labbra***.

Obiettivo *Riconoscimento e produzione dei 7 fonemi vocalici [a] [e] [ɛ] [i] [ɔ] [o] [u]*
Abilità *PS/PO*
Modalità *Squadre*
Materiale *Scheda; un orologio o una clessidra*

Istruzioni

- Spiegare agli studenti che faranno un'attività di fonetica utile per praticare quanto hanno visto in precedenza sulle vocali e sulla corretta posizione delle labbra nella pronuncia di questi suoni.

- Dividere gli studenti in coppie e spiegare che siamo alla ricerca di personale per alcune attività ricreative e culturali e per questo dobbiamo pubblicare delle inserzioni su un giornale.

- Distribuire ad ogni coppia un foglietto della Scheda (lo stesso o diversi a seconda delle necessità) e chieder loro di sostituire le tre vocali iniziali con parole che diano indicazioni sulle qualità che il personale deve possedere per svolgere quella particolare attività. Ad esempio nell'annuncio:

AAA cercasi per domeniche culturali, viaggi premio e soggiorni salutari.
Astenersi perditempo, burloni e malintenzionati.

gli studenti potranno sostituire AAA con Animalisti Anche Anziani oppure con Acrobati, Attori, Artisti. Gli studenti possono usare il dizionario e... la fantasia!

- Dare agli studenti tre minuti di tempo per pensare alle parole, poi esporre in plenum.

- Procedere, secondo la stessa modalità, con altri due o tre annunci per ogni coppia.

- Durante la lettura degli annunci è possibile correggere la pronuncia degli studenti.

- Concludere con una riflessione in plenum sulla posizione delle labbra (arrotondate o distese) e sui movimenti della lingua (orizzontale e verticale)*.

Possibili soluzioni

AAA = **A**nimalisti **A**nche **A**nziani
EEE = **E**sperti **E**scursionisti **E**uropei
III = **I**nsegnanti **I**ntellettuali **I**taliani
OOO = **O**nesti **O**perai **O**rganizzati
UUU = **U**niversitari **U**topisti **U**omini

Vedi anche **Teoria e spunti di riflessione in apertura del capitolo.*

AAA____ cercasi

per domeniche culturali, viaggi premio e soggiorni salutari.

Astenersi perditempo, burloni e malintenzionati.

EEE ____cercasi

per domeniche culturali, viaggi premio e soggiorni salutari.

Astenersi perditempo, burloni e malintenzionati.

III ____cercasi

per domeniche culturali, viaggi premio e soggiorni salutari.

Astenersi perditempo, burloni e malintenzionati.

OOO ____cercasi

per domeniche culturali, viaggi premio e soggiorni salutari.

Astenersi perditempo, burloni e malintenzionati.

UUU ____cercasi

per domeniche culturali, viaggi premio e soggiorni salutari.

Astenersi perditempo, burloni e malintenzionati.

25. Senza consonanti

Far precedere questa attività da un'attività a scelta tra ***Allo specchio*** e ***Leggere le labbra***.

Obiettivo *Riconoscimento e produzione dei 7 fonemi vocalici [a] [e] [ɛ] [i] [ɔ] [o] [u]*
Abilità *PS/PO*
Modalità *Coppie*
Materiale *1 set di 5 cartoncini con sequenze di vocali (Scheda); una clessidra o un orologio.*

Istruzioni

- Spiegare agli studenti che faranno un'attività di fonetica utile per praticare quanto hanno visto in precedenza sulle vocali e sulla corretta posizione delle labbra nella pronuncia di questi suoni.

- Dividere gli studenti in coppie e appendere alla lavagna una delle sequenze di vocali a scelta (Scheda). In 4-5 minuti gli studenti, mantenendo inalterato l'ordine delle vocali e aggiungendo tutte le consonanti che vogliono, devono creare il maggior numero di parole di senso compiuto.

  Es. ***a a e***
  *s**a**l**a**m**e**, **a**m**a**nt**e**, p**a**t**a**t**e**, ecc.*

- Scaduto il tempo, l'insegnante scioglie le coppie e invita gli studenti a scegliere un altro partner per confrontare le parole trovate (in un paio di minuti) e per crearne di nuove con la nuova sequenza che l'insegnante avrà appeso alla lavagna.

Possibili soluzioni

a a e salame, amante, patate
a o a tavola, aroma, famosa
a e a balena, agenda, cannella
i u a sicura, primula, pittura
e e o veleno, segreto, sereno

a a e

a o a

a e a

i u a

e e o

26. Svocalizzando

Far precedere questa attività da un'attività a scelta tra ***Allo specchio*** e ***Leggere le labbra***.

Obiettivo *Pratica dei 7 fonemi vocalici [a] [e] [ɛ] [i] [ɔ] [o] [u]*
Abilità *PO*
Modalità *Squadre*
Materiale *Per ogni squadra 1 set di 5 cartoncini con domande (Scheda)*

Istruzioni

- Spiegare agli studenti che faranno un'attività di fonetica utile per praticare quanto hanno visto in precedenza sulle vocali e sulla corretta posizione delle labbra nella pronuncia di questi suoni.

- Dividere gli studenti in due squadre e consegnare a ogni squadra una fotocopia con la stessa domanda (Scheda). Gli studenti hanno qualche minuto di tempo per rispondere alla domanda escludendo dalla risposta la vocale riportata fra parentesi; la risposta deve comunque essere pertinente al quesito e corretta da un punto di vista grammaticale. Alla domanda: *Dove si parla l'italiano? (senza i)* gli studenti, non potendo rispondere *In Italia*, dovranno pensare ad una risposta più arzigogolata del tipo *Nel paese ad est della Spagna*, *nel Bel Paese*, ecc. La prima squadra che ha una risposta la dice; la correttezza della risposta viene decretata dalla squadra avversaria.

- Procedere, a discrezione, con le altre domande.

Possibili soluzioni

Dove si parla l'italiano? *(senza i)* Nel Bel Paese
Che giorno è oggi? *(senza e)* Il giorno prima di domani
Quanti siamo? *(senza u)* Otto meno tre (se per esempio gli studenti sono cinque)
Cosa stiamo facendo? *(senza o)* Attività divertenti
Dove siamo adesso? *(senza a)* In un edificio

Dove si parla l'italiano?
(senza i)

Che giorno è oggi?
(senza e)

Quanti siamo?
(senza u)

Cosa stiamo facendo?
(senza o)

Dove siamo adesso?
(senza a)

27. Vocalizzando

Far precedere questa attività da un'attività a scelta tra ***Allo specchio*** e ***Leggere le labbra***.

Obiettivo *Pratica dei 7 fonemi vocalici [a] [e] [ɛ] [i] [ɔ] [o] [u]*

Abilità *PO*

Modalità *Squadre*

Materiale *Per ogni squadra 1 set di 18 cartoncini con parole senza vocali (Scheda); un campanello*

Istruzioni

- Spiegare agli studenti che faranno un'attività di fonetica utile per praticare quanto hanno visto in precedenza sulle vocali e sulla corretta posizione delle labbra nella pronuncia di questi suoni.

- Dividere gli studenti in due squadre e sistemare il campanello in un punto dell'aula equidistante rispetto alle due squadre. Consegnare un cartoncino della Scheda (con la stessa parola) al portavoce di ogni squadra.

- Oralmente, i componenti di ogni squadra inseriscono in ogni spazio una vocale (sempre la stessa in ciascuna parola *es. cenere, salata, rotondo, ecc.*) finché pensano di aver trovato la parola giusta. A questo punto il portavoce suona il campanello e dà la risposta, guadagnando un punto per ogni parola corretta. Alcune sequenze ammettono più di una risposta: es. *p_ll_* può essere *palla*, *pollo*, *pelle*; in tal caso dopo che una squadra ha risposto si può chiedere all'altra se ha trovato una parola diversa, dando un punto nel caso di un'alternativa corretta.

Soluzioni

cenere	farfalla
salata	palla, pollo, pelle
rotondo	canaglia
cavalla	pomodoro
cirillico	cravatta
zulù	timidi
sonoro	limiti
vicini	lirici
tenere	stelle, stalla

C_N_R_

S_L_T_

R_T_ND_

C_V_LL_

C_R_LL_C_

Z_L_

S_N_R_

V_C_N_

T_N_R_

F_RF_LL_

P_LL_

C_N_GLI_

P_M_D_R_

CR_V_TT_

T_M_D_

L_M_T_

L_R_C_

ST_LL_

28. Proverbi

Far precedere questa attività da un'attività a scelta tra ***Allo specchio*** e ***Leggere le labbra***.

Obiettivo *Pratica dei 7 fonemi vocalici [a] [e] [ɛ] [i] [ɔ] [o] [u]*

Abilità *PS/PO*

Modalità *Gruppi*

Materiale *Per ogni gruppo 1 set di 4 cartoncini con i proverbi incompleti (Scheda A);*
4 cartoncini con le sequenze di vocali che completano i proverbi (Scheda B);
un orologio o una clessidra

CD 65

Cap. 4
Vocali
teoria
▶attività
esercizi

Istruzioni

- Spiegare agli studenti che faranno un'attività di fonetica utile per praticare quanto hanno visto in precedenza sulle vocali e sulla corretta posizione delle labbra nella pronuncia di questi suoni.

- Dividere gli studenti in gruppetti di tre o quattro persone e consegnare ad ogni gruppetto un cartoncino recante un proverbio (lo stesso per ogni gruppo se la classe è omogenea; differenti se la classe non lo è) al quale sono state tolte le vocali (Scheda A).

- Gli studenti devono ricostruire il proverbio nel tempo stabilito di sette minuti.

- Allo scadere del tempo ogni gruppetto delegherà ad un portavoce la lettura della propria versione del proverbio. In questa fase l'insegnante può correggere la pronuncia degli studenti senza però intervenire sul significato di quanto prodotto dagli studenti.

- Distribuire il cartoncino con le vocali (Scheda B) che completano i proverbi ai vari gruppi che procederanno ad un controllo fra pari.

- Terminare con un ascolto del proverbio (o dei proverbi) dal CD (traccia n° 65).

Soluzioni

1. Chi fa da sé fa per tre
2. Chi dorme non piglia pesci
3. Molto fumo e niente arrosto
4. Chi ben comincia è a metà dell'opera

Scheda A

1
ch_ f_ d_ s_ f_ p_r tr_

2
ch_ d_rm_ n_n p_gl_ _ p_sc_

3
m_lt_ f_m_ _ n_ _nt_ _rr_st_

4
ch_ b_n c_m_nc_ _ _ _ m_t_
d_ll'_p_r_

Scheda B

1
i a a e a e e

2
i o e o i i a e i

3
o o u o e i e e a o o

4
i e o i i a e a e a e o e a

29. "i" muta, "i" chiacchierina

Obiettivo *Riflessioni sulla pronuncia e sulla mancata pronuncia del suono [i] .*
L'attività costituisce una riflessione sulla pronuncia della "i" in alcuni contesti; può completare la riflessione sulle vocali o essere proposta per introdurre o riallacciarsi alle riflessioni sul rapporto pronuncia e grafia.

Abilità *R/PO*

Modalità *Individuale e coppie*

Materiale *Testo* ***Panico a teatro*** *per ogni studente (Scheda)*
CD 66

Istruzioni

- Spiegare agli studenti che faranno un'attività basata sullo strano comportamento della lettera "i" nella pronuncia italiana.

- Consegnare un testo ad ogni studente (Scheda) chiedendo di sottolineare tutte le sillabe che contengono *c*, *g*, sc seguiti da *i+vocale.*

- Procedere ad un confronto a coppie.

- Far ascoltare una prima volta dal CD (traccia n° 66) la registrazione dell'articolo invitando a fare attenzione alla pronuncia delle sillabe evidenziate.

- Dividere gli studenti a coppie per un primo scambio di riflessioni.

- Chiedere agli studenti di individuare le sillabe in cui la "i" viene pronunciata e quelle in cui la "i" è muta. Segue nuova formazione di coppie, un secondo ascolto e un secondo scambio di riflessioni durante le quali gli studenti devono cercare di formulare delle regole di pronuncia della "i".

- Segue un terzo ascolto e verifica in plenum.

Nota: normalmente la "i" non si pronuncia nelle sillabe **cia cio ciu**, **gia gio giu**, **scia scio sciu** a meno che non sia vocale tonica come nel caso delle parole: farma**cia**, bu**gia**, **scia**, ecc.

Panico ieri pomeriggio al Teatro Regio di Parma

Pipistrello semina terrore tra gli orchestrali - L'intervento del direttore armato di bacchetta riporta l'ordine in sala.

Tutto era pronto per la prova generale: in programma le Quattro stagioni e il Gloria di Vivaldi. Archetto sospeso e corpo già proteso verso il proprio leggio, i maestri dell'orchestra stavano per attaccare la prima battuta quando il volo basso e scomposto di un pipistrello entrato da qualche pertugio del teatro ha seminato il panico fra alcuni membri dell'organico, soprattutto nella componente femminile. Qualcuna ha addirittura preferito lasciare la sala.

Grida e gridolini fuori programma e, sulla scia di questi, qualche commento e risolino in sala, finché il direttore, con un gesto coraggioso, armato della sua bacchetta, riporta l'ordine in sala.

A, E, I, O, U

1.1. Ascolterai una lista di parole. Per ogni parola segna la vocale che senti (sempre la stessa).

CD 67

1. ______
2. ______
3. ______
4. ______
5. ______
6. ______
7. ______
8. ______
9. ______
10. ______
11. ______
12. ______
13. ______
14. ______
15. ______

1.2. Riascolta e controlla.

CD 67

1.3. Riascolta e ripeti.

CD 67

A, E, I, O, U

2.1. Ascolterai una lista di parole. Per ogni parola segna le vocali che senti.

CD 68

1. ______
2. ______
3. ______
4. ______
5. ______
6. ______
7. ______

2.2. **Riascolta e controlla.**
CD 68

2.3. **Riascolta e ripeti.**
CD 68

U, O

3.1. Ascolterai una poesia a cui sono state tolte delle vocali (*o*, *u*) che dovrai inserire negli spazi vuoti.
CD 69

P_lenta

M_ntagna gialla
gran v_lcan_ di gran_
gran f_rma m_lle
c_tta pian_
lag_ che f_ma
c_n piste d'assaggi_
c_n fili di f_rmaggi_
bell'is_la r_vente
c_n p_rti di forchette
c_mpatt_ _rizz_nte fatt_ a fette
c_llina calda pr_nta a chi l'addenta
e sc_ssa trema e p_re resta salda:
sign_ri, la p_lenta.

R. Piumini

3.2. Riascolta e completa.
CD 69

3.3. Riascolta e controlla.
CD 69

4.1. **Ascolterai una poesia a cui sono state tolte delle vocali (*o*, *u*) che dovrai inserire negli spazi vuoti.**
CD 70

Br_c_

Negli _rti di G_bbi_
all'_mbra di _n _mbr_
samb_c_ c'è _n br_c_
senz'_mbra di d_bbi_
c_l_re dell'ambra
_ f_rse l_ sembra.

Toti Scialoja

4.2. Riascolta e completa.
CD 70

4.3. Riascolta e controlla.
CD 70

A, E, I, O, U

5.1. Inserisci le vocali tra le seguenti consonanti formando il maggior numero di parole possibili.

1. C_L_R_ ________ ________ ________ ________ ________
2. _M_R_ ________ ________ ________ ________ ________
3. F_RM_R_ ________ ________ ________ ________ ________
4. B_N_N_ ________ ________ ________ ________ ________
5. V_L_R_ ________ ________ ________ ________ ________
6. C_NT_R_ ________ ________ ________ ________ ________
7. S_L_R_ ________ ________ ________ ________ ________
8. R_D_R_ ________ ________ ________ ________ ________

5.2. Ascolta e controlla se ne senti qualcuna delle tue.
CD 71

Capitolo 5

Accento e unione di sillabe

Teoria e spunti di riflessione

L'accento di parola

Accento, ritmo e intonazione sono elementi prosodici: non riguardano cioè i singoli suoni ma determinano l'andamento melodico della lingua.
Da un punto di vista fisico l'accento rappresenta per il parlante un momento di sforzo maggiore: le sillabe accentate vengono pronunciate grazie ad una maggiore forza dell'attività muscolare che provoca una più intensa espulsione d'aria rispetto alle sillabe non accentate. Questo principio è valido per tutte le lingue.
A seconda della posizione dell'accento le parole possono essere classificate in:

- *tronche* (accento sull'ultima sillaba) — tri**bù**
- *piane* (accento sulla penultima sillaba) — pa**ta**ta
- *sdrucciole* (accento sulla terzultima sillaba) — **lam**pada
- *bisdrucciole* (accento sulla quartultima sillaba) — **or**dinano

Le parole più frequenti in italiano sono le parole *piane* (occorrenza 1/3) seguite dalle sdrucciole (occorrenza 1/10) e dalle *tronche* (occorrenza 1/30); le parole *bisdrucciole* sono decisamente meno frequenti. Esistono inoltre parole, poco frequenti, che hanno accento sulla quintultima o sestultima sillaba (dette *quintultimali* e *sestultimali*).
In italiano le sillabe accentate non vengono normalmente evidenziate nella scrittura se non in alcuni contesti; all'accento tonico corrisponde infatti un accento grafico solo in tre casi:

1) nelle parole *tronche* (es. *falò, perché, sarà, tabù, ferì*);
2) nei monosillabi che possono avere più significati (es. *li* - pronome vs *lì* - avverbio; *se* - congiunzione vs *sé* - pronome riflessivo);
3) nei monosillabi che presentano due vocali (es. *più*) anche quando le vocali sono solo grafiche (es. *già*); da questo gruppo sono esclusi i monosillabi formati da *qu* (*qui*, *qua*).

Gli apprendenti stranieri possono trovarsi in difficoltà nel riconoscere la sillaba accentata o a mettere l'accento sulla sillaba corretta per interferenza della propria L1: gli studenti giapponesi tendono a pronunciare le parole dividendole in sillabe e accentando ogni sillaba perché ciò avviene nella loro lingua; i francesi hanno difficoltà a mettere l'accento su parole non *tronche* e spesso per ipercorrezione pronunciano *piane* le parole *tronche*.
Si tenga inoltre presente che il cinese è una lingua tonale, vale a dire che le parole cambiano di significato a seconda della posizione dell'accento, mentre in ungherese, polacco e francese la diversa posizione dell'accento di una parola non dà luogo a diversi significati.
In alcune lingue, come l'inglese, le sillabe più deboli (non accentate) subiscono variazioni a livello vocalico, cosa che non accade in italiano se non in alcune varianti regionali.

L'accento di frase

Quanto visto fin ora riguarda l'accento di parola, ma per la corretta pronuncia di interi enunciati vale la pena di soffermarsi anche sull'accento di frase.
Nella catena parlata le parole vengono spontaneamente legate fra loro secondo un criterio di

organizzazione del discorso in porzioni unitarie di significato: ciascuna parte di discorso si comporta come se fosse un'unica parola che ha un unico accento; in termini fonetici ciascuna porzione unitaria del discorso viene definita gruppo accentuale. Il gruppo accentuale è quindi costituito da tutte le sillabe delle parole che un parlante lega spontaneamente durante la comunicazione e alle quali spontaneamente attribuisce un unico accento primario.

es. non l'ho visto [nonlɔ'visto]

Come emerge dall'esempio citato, i monosillabi non hanno un accento fonico proprio: l'accento di frase cade sulla parola portatrice di significato e questo può talvolta essere in contraddizione rispetto a quanto evidenziato dalla scrittura, come in frasi del tipo:

es. non è vero [nonɛv'vero]

Un'ulteriore differenza rispetto alla grafia è rappresentata dalla divisione sillabica delle parole che formano il gruppo accentuale. Le parole uscenti in *-n* o *-r*, le elisioni (es. *l'amicizia*, *t'amo*) e i troncamenti facenti parte di uno stesso gruppo accentuale si legano spontaneamente alla vocale iniziale della parola successiva e formano con essa un'unica sillaba.

Per concludere, ecco alcuni spunti di riflessione che si potranno proporre agli studenti per valutarne le conoscenze pregresse o per introdurre un argomento e le relative attività:

- L'accento riguarda la scrittura o la pronuncia? (L'accento tonico riguarda la pronuncia, l'accento grafico riguarda la scrittura)
- Nella vostra lingua ci sono parole che cambiano significato se si sposta l'accento da una sillaba all'altra?

30. Papa-papà

Obiettivo *Considerazioni sulla posizione dell'accento di parole conosciute o nuove*
Abilità *R/PO*
Modalità *Coppie*
Materiale *1 set di 32 cartoncini con definizioni e disegni (Scheda)*
CD 72-73

Istruzioni

- Spiegare agli studenti che faranno un'attività di fonetica che riguarda la posizione dell'accento delle parole.

- Sistemare il registratore su un tavolo.

- Dividere gli studenti in due gruppi (gruppo A e gruppo B); far uscire un gruppo dall'aula e chiedere al gruppo che rimane in classe di disporsi in fila in modo che il primo studente si trovi davanti al registratore. Far ascoltare dal CD la traccia n° 72. Il primo studente dovrà memorizzare le prime due parole della lista A, il secondo la terza e la quarta e così via. N.B. *Il numero delle parole ascoltate dipende dal numero degli studenti: ai fini dell'attività non è necessario ascoltare tutte le parole della registrazione; è invece essenziale che il numero di parole ascoltate dal gruppo A sia uguale al numero delle parole ascoltate dal gruppo B e che le parole differiscano solo per la posizione dell'accento.*

- Invitare il gruppo A a lasciare l'aula e far entrare il gruppo B: con la stessa modalità vista al punto precedente far ascoltare agli studenti la lista B (traccia n° 73).

- Far rientrare il gruppo A. Spiegare agli studenti che ciascuno di loro è in possesso di due parole di senso compiuto che si abbinano alle due parole di un altro studente secondo un criterio fonetico che scopriranno svolgendo l'attività: girando per la classe dovranno pronunciare le parole memorizzate ai compagni in modo da trovare il proprio "partner d'accento". Nel frattempo l'insegnante appenderà nell'aula i cartoncini definizioni-disegni (Scheda) scegliendo solo quelli corrispondenti alle parole con cui stanno lavorando gli studenti.

- Una volta che gli studenti hanno completato gli abbinamenti invitarli a scrivere le parole sotto le definizioni e i disegni corrispondenti indicando con un pallino la sillaba accentata: in tal modo tutti gli studenti possono leggere le parole proposte nell'attività e memorizzarle aiutandosi con le definizioni o le immagini.

Soluzioni

lista A	lista B	lista A	lista B
ancóra	àncora	pèrdono	perdóno
princìpi	prìncipi	ìmpari	impàri
sùbito	subìto	diménticati	dimenticàti
però	pero	càpita	capìta
Sara	sarà	vèstiti	vestìti
vàluta	valùta	tènere	tenére
faro	farò	lèggere	leggère
papà	papa	tendìne	tèndine

Cap. 5
Accento e unione di sillabe

teoria
▸ attività
esercizi

Avverbio - *di nuovo, un'altra volta, un'altra cosa*	
Sostantivo maschile - *le regole, gli elementi che regolano una questione*	
Avverbio - immediatamente	**Participio passato** - sofferto, sopportato passivamente
Congiunzione avversativa - ma, sebbene	
Nome femminile di persona di antica origine ebraica	**Verbo** essere al futuro indicativo
Verbo - *giudica, esprime un giudizio*	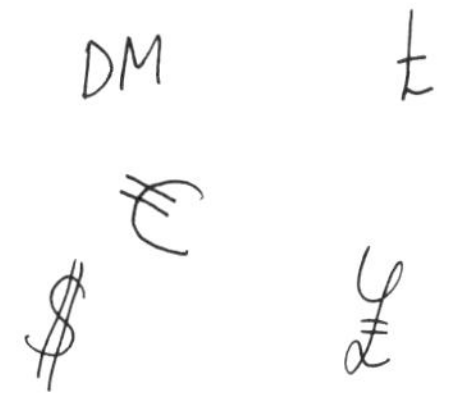
	**futuro indicativo del verbo** *fare (io)*
Nome familiare - *padre, genitore*	

Verbo al presente indicativo sinonimo di *smarriscono*	**Sostantivo maschile** - *il fatto di chiedere scusa*
Aggettivo - contrario di *pari, diseguale perché inferiore*	**Verbo all'indicativo presente** sinonimo di *apprendi, acquisti conoscenza*
Verbo riflessivo all'imperativo - sinonimo di *scorda! perdi la memoria!*	**Aggettivo** - *abbandonati, scordati da tutti*
Verbo impersonale - *succede, accade*	**Participio passato** sinonimo di *compresa*
Verbo all'imperativo (tu) - *copriti con gli indumenti!*	
Aggettivo - *morbide, soffici, molli*	**Verbo** - *avere o sostenere qualcosa in mano*
Verbo - *percorrere con lo sguardo parole scritte o stampate e capirne il significato*	**Aggettivo** - *che pesano poco*
Sostantivo femminile - *tele che vengono stese davanti o sopra qualcosa per proteggere dal sole, dal vento o dalla vista*	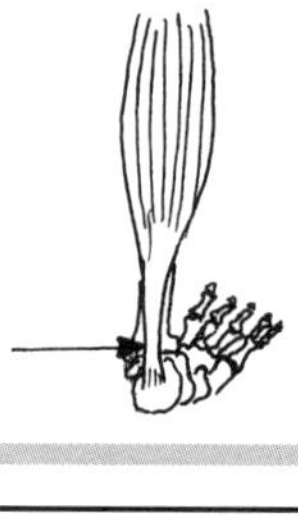

31. Il dado è tratto

Obiettivo *Considerazioni sulla posizione dell'accento di parole conosciute o nuove*
Abilità *PS/PO*
Modalità *Squadre*
Materiale *Per ogni squadra 1 set di 11 cartoncini-sillabe (Scheda A) e 1 set di 11 cartoncini-pallini (Scheda B); una pagina dado da ritagliare, piegare e incollare (Scheda C); una clessidra da 2 minuti o un orologio*

Istruzioni

- Spiegare agli studenti che faranno un'attività di fonetica che riguarda la posizione dell'accento delle parole.

- Dividere gli studenti in due squadre; consegnare a ciascuna squadra un set di 11 cartoncini-sillabe (Scheda A) spiegando che le sillabe formeranno 3 parole che si riferiscono a cose che si possono comprare dal tabaccaio. Lasciare il tempo necessario affinché entrambe le squadre possano ricostruire le 3 parole.

- Una volta che gli studenti hanno ricostruito le parole distribuire a ciascun gruppo un mazzetto di cartoncini-pallini (Scheda B); spiegare che ogni mazzetto è formato da 11 cartoncini che riportano dei pallini: gli 8 pallini piccoli corrispondono alle sillabe non accentate, i 3 grossi alle sillabe accentate.

- Gli studenti devono ricostruire la struttura delle parole trovate in precedenza utilizzando i cartoncini forniti; per far acquisire maggior dimestichezza con il riconoscimento e la pronuncia della sillaba accentata chiedere agli studenti di esercitarsi a pronunciare le 3 parole cambiando la posizione dell'accento.

- Ritirare i cartoncini e invitare le due squadre a munirsi di carta e penna; mostrare alle due squadre il dado (precedentemente costruito utilizzando la Scheda C) spiegando che si tratta di un dado fonetico: ogni faccia del dado non riporta un numero, come nei dadi tradizionali, bensì dei pallini che indicano il numero di sillabe e la posizione della sillaba accentata.

- Il gioco si svolge come segue: a turno gli studenti tirano il dado in modo che entrambe le squadre possano vedere chiaramente la faccia che esce; ogni squadra dovrà trovare il maggior numero di parole possibili rispettando la struttura sillabica e la posizione della sillaba tonica indicate dal dado. Ogni squadra ha 2 minuti di tempo per scrivere tutte le parole che vengono in mente; allo scadere dei 2 minuti un portavoce leggerà le parole trovate guadagnando un punto per ogni parola corretta.

- Dopo aver attribuito i punti lanciare nuovamente il dado annullando il tiro nel caso in cui esca un lato uscito in precedenza e procedere come sopra fino ad esaurimento delle facce.

Cap. 5
Accento e unione di sillabe
teoria
attività
esercizi

Scheda A

FIAM	MI	FE
RI	SI	GA
RET	TE	BI
GLIET	TI	

Scheda B

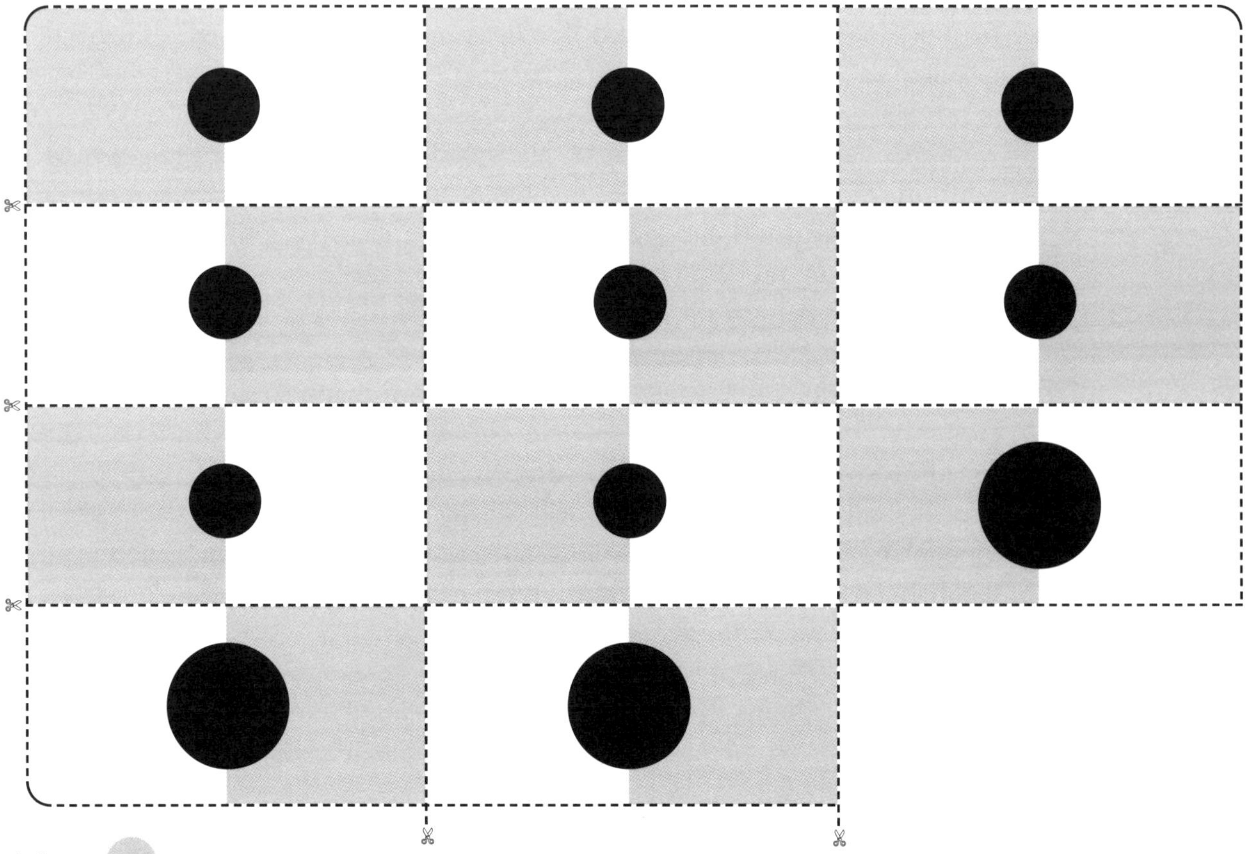

32. Barzelletta nascosta

Obiettivo *Considerazioni sulla posizione dell'accento di parole conosciute o nuove*
Abilità *PS*
Modalità *Squadre*
Materiale *Scheda con testo da completare (una per ogni squadra); una clessidra o un orologio*
CD 74

Cap. 5
Accento e unione di sillabe

teoria
attività
esercizi

Istruzioni

- Spiegare agli studenti che faranno un'attività di fonetica che riguarda la posizione dell'accento delle parole.
- Dividere gli studenti in due squadre e distribuire a ciascuna squadra un testo da completare (Scheda).
- Spiegare che si tratta di una barzelletta a cui sono state tolte delle parole e sostituite con dei pallini che forniscono, per ogni parola da scoprire, due indicazioni: il numero di sillabe e la posizione della sillaba accentata. In 7-8 minuti devono cercare di trovare il maggior numero di parole possibili per completare il testo.
- Procedere ad un controllo in plenum per l'attribuzione del punteggio (1 punto per ogni parola trovata).
- È possibile ascoltare il testo della barzelletta dal CD (traccia n° 74).

Soluzione

Un signore dice ad un altro signore:
"Io nella vita preferisco dare che ricevere!"
"Ah! Allora Lei è una persona generosa!"
"No. Veramente sono un pugile!"

Un •●• dice ad un ●• signore:

“Io nella ●• preferisco dare che •●•• !”

“Ah! •●• Lei è una •●• generosa!”

“No. ••●• ●• un pugile!”

Un •●• dice ad un ●• signore:

“Io nella ●• preferisco dare che •●•• !”

“Ah! •●• Lei è una •●• generosa!”

“No. ••●• ●• un pugile!”

Un •●• dice ad un ●• signore:

“Io nella ●• preferisco dare che •●•• !”

“Ah! •●• Lei è una •●• generosa!”

“No. ••●• ●• un pugile!”

33. Tre chicchi di moca

Obiettivo *Considerazioni sull'accento tonico e sull'accento grafico*
Abilità *M/R*
Modalità *Individuale e coppie*
Materiale *1 testo della poesia per ogni studente (Scheda A); 1 riquadro per ogni coppia o gruppo (Scheda B)*
CD 75

Istruzioni

- Spiegare agli studenti che faranno un'attività di fonetica che mira a chiarire alcuni dubbi che emergono in fase di scrittura riguardanti la posizione dell'accento delle parole scritte.

- Distribuire ad ogni studente il testo della poesia ***Tre chicci di moca*** di Toti Scialoja (Scheda A) e lanciare la domanda: "Perché la parola *caffè* ha l'accento?". Qualche studente risponderà che il motivo sta nel fatto che la sillaba accentata è l'ultima. Confermare la risposta ma chiedere provocatoriamente: "E come mai sulla parola *tre* non c'è l'accento?". Prima che gli studenti abbiano il tempo di rispondere procedere con l'ascolto della poesia (traccia n° 75).

- Far ascoltare dal CD una prima volta la registrazione con la consegna di segnare l'accento delle parole (possono evidenziarle con un pallino).

- Dividere gli studenti a coppie per una breve consultazione e successivamente procedere ad un secondo ascolto per un controllo.

- Distribuire a ogni coppia (o gruppetto) un foglio con il riquadro (Scheda B) nel quale gli studenti dovranno scrivere le regole che spieghino quando scrivere l'accento in italiano e quando ometterlo.

- A conclusione dell'attività è utile una correzione in plenum durante la quale l'insegnante porta l'attenzione degli studenti sulla differenza fra accento tonico e grafico e sulla presenza dell'accento su alcuni monosillabi (quelli che cambiano di significato a seconda che vengano scritti con l'accento o senza come ad es. *da-dà*). Si può inoltre far notare che se la parola *tre* non porta accento perché è un monosillabo, i numeri *ventitré*, *trentatré* ecc. vanno scritti con accento visto che non sono monosillabi.

- A completamento delle riflessioni sull'accento grafico l'insegnante può proporre, al termine dell'attività o in un momento successivo, l'attività ***Nené***.

Scheda A

Tre chicchi di moca
tritava il tricheco
per fare il caffè.
Lo vide la foca
e disse: "Che spreco!
Due chicchi, non tre!"

di Toti Scialoja

Scheda B

In italiano l'accento si scrive ...______________________________

34. Nené

Obiettivo *Considerazioni sull'accento grafico*
Abilità *PS*
Modalità *Gruppi*
Materiale *Per ogni gruppo 1 set di 8 cartoncini con monosillabi non accentati (Scheda A), 1 set di 8 cartoncini con monosillabi accentati (Scheda B), 1 testo da completare (Scheda C) e 1 testo completo (Scheda D)*

Istruzioni

- Spiegare agli studenti che faranno un'attività di fonetica che mira a chiarire alcuni dubbi riguardanti la posizione dell'accento delle parole scritte; in particolare verranno presi in considerazione quei monosillabi che cambiano di significato a seconda che siano scritti con l'accento o senza.

- Dividere gli studenti in due gruppi e consegnare a ciascun gruppo un set di 8 cartoncini monosillabi senza accento (Scheda A). Gli studenti hanno qualche minuto per discutere sul significato dei monosillabi.

- Richiamare l'attenzione degli studenti dicendo loro che tutti i monosillabi visti possono essere accentati; in questo caso cambiano di significato. Distribuire a ogni gruppo un set di 8 cartoncini coi monosillabi accentati (Scheda B) e un testo bucato (Scheda C). Gli studenti devono completare le frasi inserendo i cartoncini negli spazi vuoti. Attenzione: alcuni cartoncini possono essere usati più di una volta!

- Al termine si può chiedere ai gruppi di confrontarsi per verificare la correttezza delle proprie scelte.

- Distribuire a ogni gruppo un testo completo (Scheda D) per un controllo finale.

- L'attività si presta ad una riflessione sulla pronuncia di [e] e [ɛ] limitata ai monosillabi trattati*.

Vedi anche* ***Teoria e spunti di riflessione**, Cap. 2* ***Vocali****.*

Scheda A

da	ne	se	la
e	li	si	te

Scheda B

dà	né	sé	là
è	lì	sì	tè

L'insalata, ______ vuoi con l'aceto o senza?

Quello non ______ retta a nessuno.

È una persona eccezionale: si è fatto tutto da ______.

Quanti ______ vuoi?

Dai, dammeli! ______ voglio io.

______ esci, telefonami.

Il telefono è ______ in fondo.

Sono tornata ieri ______ Roma.

Non ______ affatto bello.

Non preoccuparti! Vado ______ torno.

Scusi, come ha detto che ______ chiama?

Metti pure la borsa ______ sul divano.

Non mi piace: non è ______ carne ______ pesce.

Aspettami, vengo con ______!

______, ______, ci penso io.

Ti va ancora un po' di ______?

L'insalata, la vuoi con l'aceto o senza?

Quello non dà retta a nessuno.

È una persona eccezionale: si è fatto tutto da sé.

Quanti ne vuoi?

Dai, dammeli! Li voglio io.

Se esci, telefonami.

Il telefono è là in fondo.

Sono tornata ieri da Roma.

Non è affatto bello.

Non preoccuparti! Vado e torno.

Scusi, come ha detto che si chiama?

Metti pure la borsa lì sul divano.

Non mi piace: non è né carne né pesce.

Aspettami, vengo con te!

Sì, sì, ci penso io.

Ti va ancora un po' di tè ?

35. Unir parlando

Obiettivo *Unione delle preposizioni **in** e **per** con le parole che iniziano per vocale*

Abilità *R/PO*

Modalità *Gruppo classe*

Materiale *Una scheda A (parole che gli studenti devono usare nella risposta) e una scheda B (domande per l'insegnante)*

Istruzioni

- Spiegare agli studenti che faranno un'attività di fonetica che riguarda l'unione delle sillabe; scopo dell'attività è quella di pronunciare in modo più fluido le frasi, in particolare quando si verificano certe condizioni che emergeranno nell'attività.

- Tagliare i cartoncini della Scheda A, sistemarli su un tavolo al centro dell'aula (o a terra) e chiedere agli studenti di disporvisi attorno. Spiegare che i cartoncini riportano le parole che dovranno essere utilizzate per le risposte alle domande che verranno loro poste (una parola per ogni risposta).

- L'insegnante legge la prima domanda (Scheda B) e aspetta che gli studenti decidano quale parola usare per la risposta e quale preposizione far precedere alla parola per completare la risposta stessa (le preposizioni da usare sono *in* e *per*):

  es. Ins. Dov'è nato il tango?
  Stud. In Argentina

- Dopo le prime risposte, far notare agli studenti come le preposizioni *in* e *per*, se seguite da parole che iniziano per vocale, si legano a queste ultime e devono pertanto essere pronunciate senza pausa: le preposizioni, ed in generale i monosillabi, non hanno infatti un accento proprio e pertanto si legano alla parola successiva formando con essa un'unica sillaba; le due parole, graficamente separate, costituiscono foneticamente una parola unica (es. *in_Australia* pronunciato come un'unica parola).

- Sollecitare una risposta in coro man mano che l'attività prosegue e continuare fino ad esaurimento delle domande.

Scheda A

Argentina	Australia	amore
Italia	India	amicizia
Austria	Olanda	affari
Inghilterra	Islanda	

Scheda B

Dov'è nato il tango? (in Argentina)	***Dove si trova Amsterdam?*** (in Olanda)	***Dove posso mangiare fish and chips?*** (in Inghilterra)
Perché Franco si è trasferito negli Stati Uniti? (per amore)	***Dove si mangia la pizza migliore al mondo?*** (in Italia)	***Dove posso comprare un boomerang originale?*** (in Australia)
Dov'è nato il valzer? (in Austria)	***In quale paese ci sono molti gaiser?*** (in Islanda)	***Perché hai invitato Lucia alla festa?*** (per amicizia)
Dove posso visitare il Taj Mahal? (in India)	***Perché il Signor Bianchi è andato in Giappone?*** (per affari)	

36. Indianata

Obiettivo *Praticare l'unione di sillabe*
Abilità *R/PO*
Modalità *Gruppo classe*
Materiale *1 set di 22 cartoncini (Scheda)*
CD 76

Istruzioni

- Spiegare agli studenti che faranno un'attività di fonetica che riguarda l'unione delle parole; scopo dell'attività è quella di pronunciare in modo più fluido le frasi, cioè senza fare pause fra una parola e l'altra.

- Mettere i cartoncini della Scheda su un tavolo e chiedere agli studenti di disporvisi intorno in cerchio.

- Chiedere poi a ogni studente di prendere un cartoncino e di memorizzarne le parole senza separarle, devono pronunciarle proprio come se fossero un'unica parola.

- Far ascoltare le frasi dal CD (traccia n° 76) come controllo della pronuncia decisa da ogni studente (nota: nel CD sono state registrate tutte le frasi presenti nella scheda; farle ascoltare tutte indipendentemente dal numero di studenti e dalle frasi da loro scelte).

- Una volta memorizzate le parole, lo studente deve sistemare il cartoncino sul tavolo davanti a sé, mettendolo rivolto verso gli altri studenti.

- L'attività si svolge come segue:
  - gli studenti battono le mani sul tavolo in modo da dare un ritmo che accompagni la pronuncia delle frasi;
  - invitare uno studente a dare inizio al gioco pronunciando la propria frase seguita dalla frase di un compagno scelto a caso;
  - il compagno "chiamato in causa" dovrà ripetere la propria frase seguita da quella di un altro compagno e così via per qualche minuto finché tutti gli studenti avranno preso parte al gioco. È abbastanza spontaneo che gli studenti, una volta capito il meccanismo del gioco, battano sempre più velocemente le mani sul tavolo aumentando conseguentemente la velocità con cui pronunciano le frasi per "chiamare i compagni";
  - dopo qualche minuto, quando si ritiene che la maggior parte delle frasi sia stata memorizzata dai partecipanti, togliere le frasi dal tavolo e invitare gli studenti a riprendere il gioco ancora per un po' seguendo la stessa modalità.

PER ESEMPIO	PER AMORE
PER EGOISMO	PER ESPERIENZA
PER AMICIZIA	ASPETTO UN AUTOBUS
L'HO VISTO IN OLANDA	IN UN'AZIENDA
PER ENTRARE	UN'AMICA D'ORO
PER UN ATTIMO	PER UN AMICO
BELL'ESEMPIO!	PER UN ISTANTE
IN UN ATTIMO	IN OTTOBRE
PER UN ANNO	IN AUTUNNO
D'INVERNO	UN AFFARE D'ORO
PER USCIRE	PER AFFARI

37. Frasi in coro

Obiettivo *Praticare l'unione di sillabe*
Abilità *PO*
Modalità *Gruppo classe*
Materiale *1 set di cartoncini con le parole che compongono un proverbio (Scheda)*
CD 77

Istruzioni

- Spiegare agli studenti che faranno un'attività di fonetica che riguarda l'unione delle parole; scopo dell'attività è quella di pronunciare le frasi in modo più fluido.

- Scegliere dalla Scheda un proverbio che abbia tante parole quante sono gli studenti.

- Disporre i cartoncini con le parole del proverbio scoperti su un tavolo e chiedere agli studenti di ricostruire la frase.

- Invitare gli studenti a scegliere una parola e a disporsi in cerchio rispettando l'ordine delle parole.

- L'attività consiste in una ripetizione regressiva della frase: iniziare dall'ultima parola permette di concentrarsi sul suono e non sul significato della frase.

- L'attività si svolge secondo la seguente modalità:

    - inizia lo studente che ha l'ultima parola del proverbio pronunciandola ad alta voce;
    - lo studente che ha la penultima parola deve pronunciare la propria seguita da quella del compagno;
    - il terzultimo studente pronuncia la propria parola, la penultima e l'ultima e così via fino a completare il proverbio;
    - alla fine, singolarmente o in coro, bisognerà ripetere tutto il proverbio il più fluidamente possibile.

- È possibile far ascoltare il proverbio o i proverbi trattati dal CD (traccia n° 77).

Chi	la	fa	l'aspetti	

Meglio	soli	che	male	accompagnati

Col	nulla	non	si	fa
nulla				

Rosso	di	sera	bel	tempo
si	spera			

A	caval	donato	non	si
guarda	in	bocca		

Un	nemico	è	troppo	e
cento	amici	non	bastano	

Meglio	un	uovo	oggi	che
una	gallina	domani		

Esercizi di autoapprendimento

1.1. Scegli, fra i monosillabi della lista, quelli che completano le frasi e scrivili negli spazi vuoti.

me da sì lì si se né e dà sé li è

1. Ho comprato una crostata di frutta. ________ vuoi una fetta?
2. È veramente un fifone! _____ spaventa sempre per niente.
3. Stasera non ho voglia di uscire. Perché non vieni _____ me a guardare un film?
4. _______ ti piace il computer ma ancora non lo sai usare, perché non fai un corso?
5. "Scusi, mi sa dire dov'è il panificio più vicino?"
   "È proprio _______ , guardi! Quel negozietto accanto alla gelateria."
6. Sono proprio arrabbiata con Giacomo e Michele! Non voglio più vedere ____ l'uno, ______ l'altro!
7. È un segreto. Lo sappiamo solo io ____ te.
8. "Conosci i Muse?"
   "____, mi piacciono molto! _____ ho anche visti in concerto il mese scorso."
9. Guarda che ti sbagli... Istanbul non _____ la capitale della Turchia!
10. Lucia ha un piccolo portafortuna d'argento che porta sempre con _____.
11. Cristina è proprio gentile, mi ____ sempre una mano con i compiti.

Cap. 5
Accento e unione di sillabe
teoria
attività
esercizi

2.1. Ascolta e segna con un pallino la posizione della sillaba accentata.
CD 78

1. ___ ___	6. ___ ___ ___	11. ___ ___
2. ___ ___ ___	7. ___ ___ ___	12. ___ ___ ___
3. ___ ___ ___	8. ___ ___ ___	13. ___ ___ ___ ___
4. ___ ___ ___	9. ___ ___ ___	14. ___ ___ ___ ___
5. ___ ___ ___	10. ___ ___ ___ ___	15. ___ ___ ___

2.2. Riascolta e controlla.
CD 78

2.3. Riascolta e ripeti.
CD 78

3.1. Ascolta e segna con un pallino la posizione della sillaba accentata.
CD 79

1. ___ ___	6. ___ ___	11. ___ ___ ___
2. ___ ___ ___	7. ___ ___ ___	12. ___ ___ ___ ___
3. ___ ___ ___	8. ___ ___ ___	13. ___ ___ ___
4. ___ ___ ___	9. ___ ___ ___ ___	14. ___ ___ ___ ___
5. ___ ___ ___ ___	10. ___ ___ ___	15. ___ ___ ___

3.2. Riascolta e controlla.
CD 79

3.3. Riascolta e ripeti.
CD 79

4.1. Leggi i seguenti verbi, decidi dove va l'accento e segnalo con un pallino.

1. parlano
2. parlavamo
3. parliamo
4. parlavano
5. parlate
6. parlavate
7. parlavi
8. leggono
9. leggevamo
10. leggiamo
11. leggevano
12. leggete
13. leggevate
14. leggevi
15. dormono
16. dormiamo
17. dormivano
18. dormivate
19. dormite
20. dormivamo
21. dormivi

4.2. Ascolta e controlla.
CD 80

4.3. Riascolta e ripeti.
CD 80

5.1. Leggi le definizioni e, scegliendo fra le parole date, riempi le caselle (la casella in cui va scritta la vocale tonica è in grigio).

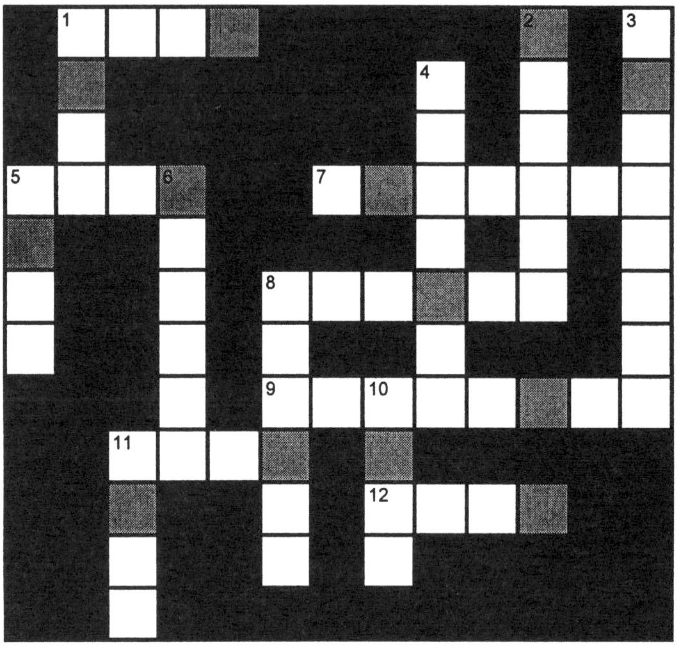

Orizzontali ➔

1. 50% di un intero.

5. Futuro del verbo essere (terza persona singolare).

7. Imperativo del verbo vestirsi (seconda persona singolare).

8. Aggettivo: desiderato da molti.

9. Chi comanda una nave.

11. Futuro del verbo fare (prima persona singolare).

12. Genitore maschio.

Verticali ↓

1. Destinazione finale, obiettivo da raggiungere.

2. Campo, settore.

3. Verbo: succedono, accadono.

4. Capi di abbigliamento.

5. Nome femminile di persona.

6. Parte della nave legata a una catena; serve per impedire all'imbarcazione di muoversi.

8. Avverbio: in aggiunta, in più.

10. Capo della chiesa cattolica.

11. Alta costruzione con una luce in cima; segnala la presenza di un porto.

FARO-FARÒ-META-METÀ-PAPA-PAPÀ-SARA-SARÀ-AMBÌTO-ÀMBITO
ANCÓRA-ÀNCORA-VESTÌTI-VÈSTITI-CAPITÀNO-CÀPITANO

CD 81 **6.1. Uomo o donna? Alcuni nomi di persona cambiano l'accento quando passano dal maschile al femminile. Ascolta e segna la sillaba accentata.**

Lucio Lucia Mario Maria Stefano Stefania

CD 81 **6.2. Riascolta e controlla.**

CD 81 **6.3. Riascolta e ripeti.**

Capitolo 6

Intonazione ed enfasi

Teoria e spunti di riflessione

Parlare di intonazione significa considerare la lingua nella sua matrice "musicale" visto che l'intonazione rappresenta, insieme ad altri **elementi prosodici**, il mezzo attraverso cui i singoli suoni della lingua si legano tra loro creando l'effetto melodico.
Grazie all'intonazione il parlante riesce a trasmettere all'interlocutore due informazioni: una riguardante il tipo di frase (che determina aspettative e interazione), l'altra concernente lo stato d'animo del momento.
La frase *Ha comprato il pane*, pur mantenendo inalterati gli elementi e l'ordine degli stessi, trasmette messaggi diversi a seconda dell'intonazione con cui viene pronunciata: può essere infatti una frase interrogativa (*Ha comprato il pane?*), una conclusiva (*Ha comprato il pane.*), una sospensiva (*Ha comprato il pane ... e l'ha mangiato tutto*), una continuativa (*Ha comprato il pane, il latte, il prosciutto e il vino*). Che cosa succede, dal punto di vista intonativo, alla frase? Quale parte della frase subisce le variazioni più evidenti? Come si possono analizzare e schematizzare queste variazioni?
L'analisi dell'intonazione è possibile introducendo il concetto di **tonalità**, ovvero l'altezza di tono della catena di sillabe che costituiscono il parlato; tale altezza è fisicamente data dalla tensione delle corde vocali e della laringe: aumentando la tensione aumenta anche la tonalità; viceversa allentando la tensione la tonalità risulta più bassa. Va precisato che la tonalità non è un elemento assoluto, essa infatti varia da uomo a donna, da adulto a bambino e che anche una stessa persona utilizza tonalità differenti a seconda delle diverse situazioni, dell'umore, degli stati d'animo e delle emozioni. In generale, comunque, la tonalità varia su tre diverse fasce (alta, media e bassa) ed è proprio la distribuzione delle sillabe all'interno di queste fasce a determinare l'andamento melodico dell'enunciato. La parte dell'enunciato che subisce maggiori variazioni di tonalità è la tonìa (ovvero la parte finale): negli schemi riportati i trattini indicano le sillabe toniche (accentate), mentre i puntini le sillabe atone.

tonìa interrogativa

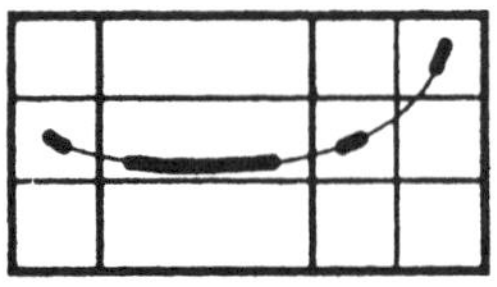

Si distinguono due tipi di domande:

totali - la domanda coinvolge tutti gli elementi dell'enunciato e la risposta dell'interlocutore è sì o no. Es. *Sei stata al mare?*
Lo schema intonativo corrispondente a questo tipo di domanda è quello riportato sopra (tonia interrogativa).

parziali - la domanda contiene un elemento interrogativo che ne rivela immediatamente la natura; la risposta dell'interlocutore coprirà il vuoto di informazioni della domanda. Es. *Come stai?*

Questo tipo di domanda segue un'intonazione diversa a seconda del grado di formalità del contesto comunicativo: in contesti formali la tonia è ascendente (come nello schema della tonia interrogativa); in contesti informali la tonia è discendente (come nella tonia conclusiva).

tonìa continuativa

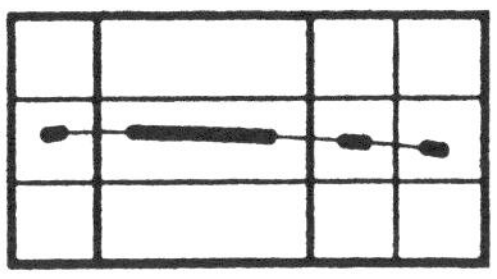

Comunica all'interlocutore che si continuerà a parlare. Es. *Ho comprato il pane, (il burro, il latte...)*

tonìa sospensiva

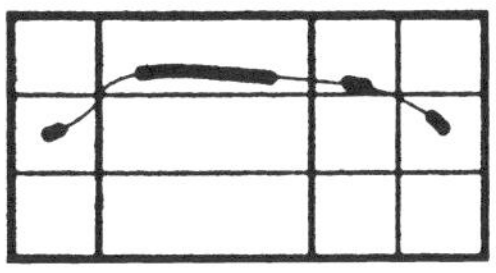

L'attenzione dell'interlocutore viene richiamata non sul già detto ma su quello che si sta per dire; il parlante crea suspense per dare maggior rilievo al concetto che sta per rivelare. Es. *O ci vediamo.. .(o ci sentiamo.)*

tonìa conclusiva

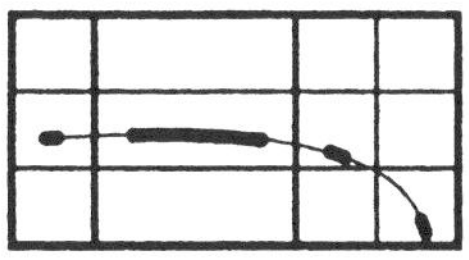

Il parlante comunica che il suo enunciato è completo. Es. *Sergio sta suonando.*

La scelta delle tonìe durante la conversazione determina l'interazione fra i parlanti-interlocutori: se rivolgo una domanda a qualcuno mi aspetto una risposta e se questa risposta non mi viene data la comunicazione si interrompe; una comunicazione fluida, non ostacolata da messaggi ambigui, è possibile solo se il parlante utilizza schemi intonativi aderenti all'intenzione comunicativa.
Come accennato in apertura, inoltre, anche gli stati d'animo, espressi attraverso l'uso di altri elementi parafonici, concorrono a modulare il flusso melodico del parlato e a completare il messaggio: è infatti attraverso variazioni di velocità, ritmo, forza accentuale, **qualità articolatoria** e **qualità fonatoria** delle enunciazioni che una frase diventa il veicolo per esprimere calma, rabbia, imbarazzo, tristezza, ecc.; la variazione coinvolgerà in questo caso tutto l'enunciato.

Per concludere, ecco alcuni spunti di riflessione che si potranno proporre agli studenti per valutarne le conoscenze pregresse o per introdurre un argomento e le relative attività:

- Lo stato d'animo del parlante influisce sull'intonazione delle frasi? (Sì)
- Qual è la parte della frase che subisce maggiori variazioni sotto il profilo intonativo? (La parte finale)

Glossario

elementi prosodici: elementi caratteristici del parlato, come ritmo, accento, intonazione e durata, che concorrono a determinare la melodia della lingua.
qualità articolatoria: impronta della voce in alcune situazioni che si verifica coinvolgendo gli organi fonatori in modo particolare nella pronuncia. Quando ad esempio si ha il broncio si tende a parlare coinvolgendo in modo particolare le labbra (labializzazione); se si prova disgusto la tendenza parlando è quella di far arretrare la lingua (arretramento).
qualità fonatoria: determina tipi di voce diversi quali la voce sussurrata, tremula, tesa, ecc.
tonalità: altezza di tono della catena di sillabe che costituiscono il parlato.

38. Domande totali

Obiettivo *Riconoscimento di frasi affermative e interrogative*
Abilità *R*
Modalità *Individuale*
Materiale *Una Scheda per ogni studente*
CD 82

Istruzioni

- Comunicare agli studenti che faranno un'attività di fonetica che riguarda la musicalità della lingua, in particolare delle frasi interrogative o affermative.

- Distribuire una fotocopia della Scheda ad ogni studente e spiegare che si tratta di 10 frasi ripetute due volte: una volta si tratta di una domanda, l'altra di un'affermazione. Ascoltando la registrazione dovranno aggiungere il punto interrogativo alle domande, prestando attenzione alla curva intonativa della voce.

- Procedere ad un primo ascolto dal CD (traccia n° 82).

- Procedere ad un controllo a coppie.

- Procedere ad un secondo ascolto a coppie.

- Controllo in plenum ed eventuale riflessione sulle domande totali.

Nota: le domande totali sono quelle che presuppongono una risposta sì/no come ad esempio "Hai visto Luca?"; l'andamento intonativo in questo tipo di domanda è ascendente.

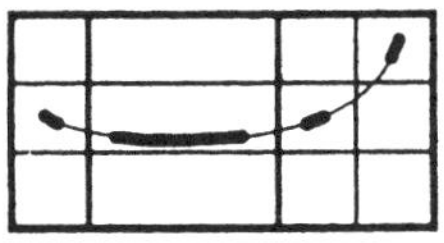

tonìa interrogativa - domande totali

Soluzioni

1. Lei è italiana
2. Lei è italiana?
3. Hai avuto difficoltà?
4. Hai avuto difficoltà
5. C'è una differenza?
6. C'è una differenza
7. Paolo sta bene?
8. Paolo sta bene
9. Viene anche Maria
10. Viene anche Maria?
11. C'è il sole?
12. C'è il sole
13. Cesare dorme
14. Cesare dorme?
15. Il treno parte alle sette
16. Il treno parte alle sette?
17. Arrivano domani?
18. Arrivano domani
19. La festa è da Mario
20. La festa è da Mario?

Ascolta le frasi e aggiungi il punto di domanda (?) dove ti sembra opportuno.

1. Lei è italiana
2. Lei è italiana
3. Hai avuto difficoltà
4. Hai avuto difficoltà
5. C'è una differenza
6. C'è una differenza
7. Paolo sta bene
8. Paolo sta bene
9. Viene anche Maria
10. Viene anche Maria
11. C'è il sole
12. C'è il sole
13. Cesare dorme
14. Cesare dorme
15. Il treno parte alle sette
16. Il treno parte alle sette
17. Arrivano domani
18. Arrivano domani
19. La festa è da Mario
20. La festa è da Mario

39. Domande parziali

Obiettivo *Riconoscimento di frasi affermative e interrogative*
Abilità *R*
Modalità *Individuale*
Materiale *Una scheda per ogni studente*
CD 83-84

Istruzioni

- Comunicare agli studenti che faranno un'attività di fonetica che riguarda la musicalità della lingua, in particolare delle frasi interrogative o affermative.
- Distribuire una fotocopia della Scheda ad ogni studente e spiegare che si tratta di 6 frasi ripetute due volte: una volta si tratta di una domanda, l'altra di un'affermazione. Ascoltando la registrazione dovranno aggiungere il punto interrogativo alle domande, prestando attenzione alla curva intonativa della voce.
- Procedere ad un primo ascolto dal CD (traccia n° 83).
- Procedere ad un controllo a coppie.
- Procedere ad un secondo ascolto a coppie.
- Far ascoltare la traccia successiva (traccia 84) che riporta, oltre la registrazione delle frasi appena ascoltate, le risposte alle domande e le domande alle risposte.
- Controllo in plenum ed eventuale riflessione sulle domande parziali.
- Nota: le domande parziali sono quelle che contengono uno o più elementi interrogativi come ad esempio "Quanto costa?", "Quando e come sei arrivato?". L'andamento intonativo in questo tipo di domanda è normalmente discendente; talvolta però, in contesti comunicativi formali o quando la domanda viene ripetuta più di una volta, l'andamento intonativo è ascendente.

domande parziali

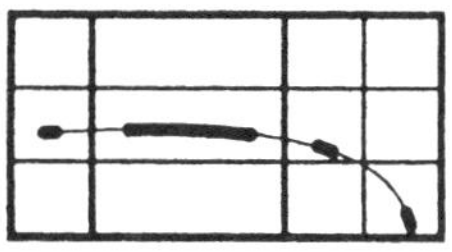

(contesti informali)

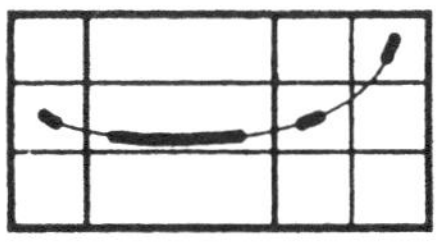

(contesti formali)

Soluzioni

1. Quando è venuto? (*prevede la risposta:* Verso le cinque)
2. Quando è venuto (*come risposta alla domanda:* Quando ti ha detto queste cose?)
3. Come hai detto (*come risposta alla domanda*: Allora, come facciamo?)
4. Come hai detto? (*prevede la risposta:* Domani c'è sciopero)
5. Chi non vuole (*come risposta alla domanda:* Chi non viene?)
6. Chi non vuole? (*prevede la risposta:* Io!)
7. Dove l'hai messo? (*prevede la risposta:* Nel secondo cassetto)
8. Dove l'hai messo (*come risposta alla domanda:* Dove lo trovo il cappello?)
9. Quanta ne vuoi (*come risposta alla domanda:* Quanta ne prendo?)
10. Quanto ne vuoi? (*prevede la risposta:* Una fetta)
11. Perché sei in ritardo? (*prevede la risposta:* Ho perso il treno)
12. Perché sei in ritardo (*come risposta alla domanda:* Perché quella faccia?)

Ascolta le frasi e aggiungi il punto di domanda (?) dove ti sembra opportuno.

1. Quando è venuto
2. Quando è venuto
3. Come hai detto
4. Come hai detto
5. Chi non vuole
6. Chi non vuole
7. Dove l'hai messo
8. Dove l'hai messo
9. Quanta ne vuoi
10. Quanto ne vuoi
11. Perché sei in ritardo
12. Perché sei in ritardo

40. Agli ordini

Obiettivo *Riconoscimento di frasi affermative e interrogative*
Abilità *R/PO*
Modalità *Gruppo classe*
Materiale *Una fotocopia con disegni di oggetti (Scheda A1) per ogni studente (oppure Scheda A2 con disegni di parole che si usano con il verbo* prendere, *per es.* aperitivo, aspirina, tempo, *ecc.); 1 set di cartoncini con domande/ordini per la classe (Scheda B1 o B2)*

Istruzioni

- Comunicare agli studenti che faranno un'attività di fonetica sulla musicalità della lingua e in particolare sull'andamento della voce nelle frasi interrogative o affermative.

- Disporre gli studenti in cerchio; distribuire una fotocopia della Scheda A1 a ogni studente e chiedere di ritagliare i cartoncini in modo da creare un set che ognuno disporrà poi davanti a sé (su una sedia o per terra).

- Distribuire casualmente agli studenti i cartoncini con le domande o con gli ordini (Scheda B1). Fare in modo che ogni studente abbia almeno 4 o 5 cartoncini eventualmente fotocopiando più volte le frasi.

- A turno gli studenti leggono uno dei bigliettini che hanno in mano curandone l'intonazione.

- Gli altri rispondono *"No, non ancora!"* se ritengono che la frase sia una domanda o eseguono quanto richiesto (prendendo cioè il cartoncino riportante l'oggetto menzionato dal compagno) se ritengono che la frase pronunciata sia un ordine. Dato che gli studenti rispondono alla domanda o eseguono l'ordine tutti insieme, risulta immediatamente chiaro a chi ha letto se ha pronunciato correttamente la sua frase. In caso di errore lo studente potrà essere corretto dall'insegnante e invitato a ripetere cambiando la pronuncia.

- Proseguire fino ad esaurimento delle frasi (domande/ordini).

- La stessa attività può essere svolta con le stesse modalità ad un livello leggermente superiore con usi più particolari del verbo *prendere* (vedi Scheda A2 e domande B2)

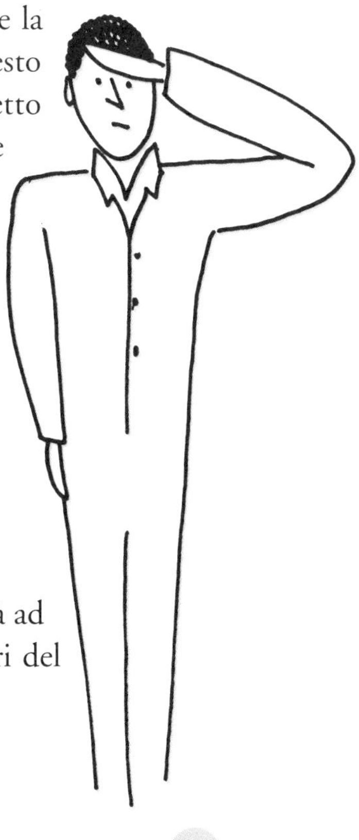

ATM
ATM

TIC
TAC
TIC
TAC
EXPRESS
BAYER
ASPIRINA

Scheda B

Prendete i biglietti?	Prendete i guanti?	Prendete la corda?	Prendete le buste?
Prendete i biglietti!	Prendete i guanti!	Prendete la corda!	Prendete le buste!
Prendete gli spaghetti?	Prendete le uova?	Prendete la sciarpa?	Prendete la scopa?
Prendete gli spaghetti!	Prendete le uova!	Prendete la sciarpa!	Prendete la scopa!

Scheda B1

Prendete la bicicletta?	Prendete l'aperitivo?	Prendete il sole?	Prendete tempo?
Prendete la bicicletta!	Prendete l'aperitivo!	Prendete il sole!	Prendete tempo!
Prendete il treno?	Prendete la laurea?	Prendete la patente?	Prendete l'aspirina?
Prendete il treno!	Prendete la laurea!	Prendete la patente!	Prendete l'aspirina!

41. La porta

Obiettivo *Pratica della pronuncia legata agli stati d'animo*
Abilità *PO*
Modalità *Individuale e gruppi*
Materiale *1 testo per ogni studente (Scheda)*
CD 85

Cap. 6
Intonazione ed enfasi
teoria
▶attività
esercizi

Istruzioni

- Comunicare agli studenti che faranno un'attività di fonetica che riguarda la musicalità della lingua, in particolare verrà affrontato il tema dell'intonazione legata agli stati d'animo e alle emozioni.
- Dividere gli studenti in coppie.
- Far ascoltare dal CD la registrazione della parola "la porta" con intonazioni diverse (traccia n° 85) e lasciare qualche minuto agli studenti per pensare alle situazioni in cui possono essere pronunciate.
- Distribuire una fotocopia coi quattro testi "la porta" a ogni studente (Scheda).
- Invitare gli studenti a leggere i quattro testi per farsi un'idea generale del contesto e degli stati d'animo che caratterizzano le quattro situazioni.
- Far riascoltare la registrazione; per ciascuna situazione dovranno scegliere la registrazione adatta.
- Breve controllo a coppie o in plenum.

Soluzioni

Testo a: registrazione n° 3

Testo b: registrazione n° 2

Testo c: registrazione n° 4

Testo d: registrazione n° 1

A

Sei seduto alla scrivania. È inverno e improvvisamente senti un brivido di freddo. La segretaria, ancora una volta, ha dimenticato di chiudere la porta. "La porta!"

Registrazione n° ☐

B

La finestra era perfettamente chiusa dall'interno, tutto sembrava in ordine. L'ispettore Mariotti, camminando su e giù per la stanza, vide qualcosa e... improvvisamente capì: "La porta!".

Registrazione n° ☐

C

Per l'anniversario di matrimonio decidi di fare una sorpresa a tuo marito: hai sempre pensato che le porte dipinte di nero siano molto eleganti. Tuo marito entra e resta senza fiato: "La porta".

Registrazione n° ☐

D

Hai una riunione importante con il tuo direttore. Sei in ritardo, entri più silenziosamente possibile nella sala dove il direttore sta già parlando. Ti sei appena seduto quando un collega ti dice "La porta."

Registrazione n° ☐

42. L'acqua

Obiettivo *Pratica della pronuncia legata agli stati d'animo*
Abilità *PO*
Modalità *Individuale e gruppi*
Materiale *1 testo per ogni studente (Scheda)*

Istruzioni

- Comunicare agli studenti che faranno un'attività di fonetica che riguarda la musicalità della lingua, in particolare verrà affrontato il tema dell'intonazione legata agli stati d'animo e alle emozioni.

- Dividere gli studenti in coppie o piccoli gruppi (massimo 4 persone) e distribuire a ogni studente una fotocopia con le 4 situazioni (Scheda).

- Chiedere agli studenti di individuare quale parola, la stessa in tutte e quattro le situazioni, completa i testi (ACQUA).

- Procedere ad un controllo in plenum.

- Una volta trovata la parola mancante, gli studenti dovranno decidere con quale intonazione pronunciarla nei diversi contesti.

- Far alzare gli studenti e spiegare che, girando liberamente per la classe (possono tenere in mano la fotocopia della Scheda), dovranno pronunciare la parola ACQUA ad un partner curandone in modo particolare l'intonazione; il partner dovrà indovinare a quale contesto la parola ascoltata si riferisce.

- È consigliabile dare un tempo all'attività (3-5 minuti) e invitare gli studenti a cambiare continuamente partner e a sperimentare le diverse intonazioni.

- Man mano che gli studenti prendono confidenza con l'attività è anche possibile invitarli ad accompagnare la pronuncia con gesti ed espressioni del viso e a metter via la fotocopia della Scheda.

A

■ "Che buono questo pesto! È così cremoso! L'hai fatto tu?"
▼ "No, lo prendo al supermercato ma poi ci aggiungo sempre un po' d'acqua."
■ "__________?"
▼ "Sì, quella della cottura della pasta."

B

Da molti mesi non pioveva. Tutti i contadini erano preoccupati per il raccolto.
Ma quella notte Gennaro sentì un rumore sul tetto.
Uscì nel cortile e guardando il cielo gridò: "__________!"

C

Era quasi arrivato. La sfida era stata raggiungere entro sera l'Isola Verde con la barchetta che si era costruito.
Entrò in cabina e sollevò lo zaino:
era bagnato. "____________" disse.

D

Al ristorante.
Lei - Mi raccomando non fare come l'ultima volta che ti ho dovuto portare fuori perché non stavi più in piedi...
Cameriere - Cosa posso portare ai signori da bere?
"____________." - fu la risposta secca della moglie.

43. Eh?

Proporre l'attività qualche lezione dopo aver fatto ascoltare il brano (traccia n° 86) in modo che lo studente possa concentrarsi sulla pronuncia e non sulla comprensione.

Obiettivo *Analisi e pronuncia dei segnali discorsivi* ***eh, ah****.*
Abilità *R*
Modalità *Individuale e coppie*
Materiale *Una Scheda A e una Scheda B per ogni studente*
CD 86

Cap. 6
Intonazione ed enfasi

teoria
▶attività
esercizi

Istruzioni

- Comunicare agli studenti che faranno un'attività di fonetica che riguarda la musicalità della lingua, in particolare verrà affrontato il tema dei segnali discorsivi. Spiegare che i segnali discorsivi sono elementi linguistici che hanno una doppia funzione: regolare i meccanismi della presa di turno e contribuire a mantenere la coesione sociale della comunicazione. Far presente inoltre che, essendo i segnali discorsivi elementi polifunzionali, è importante riflettere sulla loro intonazione perché è proprio l'intonazione che ne determina il senso comunicativo.
- Dire agli studenti che nella registrazione che ascolteranno sono presenti alcuni segnali discorsivi e che in particolare dovranno concentrarsi su due di essi: *eh* e *ah.*
- Procedere al primo ascolto (traccia n° 86) durante il quale gli studenti devono contare quanti *eh* e *ah* sentono. Segue un breve confronto a coppie.
- Eventualmente procedere ad un secondo ascolto e ad un secondo confronto a coppie.
- Distribuire una fotocopia della Scheda A ad ogni studente e procedere ad un terzo ascolto. Gli studenti, individualmente o in coppia, svolgono la consegna.
- Controllo in plenum.
- Spiegare agli studenti che anche le parole *sì* e *no* vengono spesso usate come segnali discorsivi.
- Far riascoltare agli studenti lo stesso brano con la consegna di concentrarsi sulle parole *sì* e *no* presenti.
- Distribuire una fotocopia della Scheda B ad ogni studente. Gli studenti, individualmente o in coppia, svolgono la consegna.
- Procedere ad un controllo in plenum.

Soluzioni

- Scheda A: 1/C; 2/E; 3/A; 4/B; 5/D; 6/F; 7/F.
- Scheda B
  segnali discorsivi: 1; 2; 3; 4; 5; 6; 10.
  risposte: 7; 8; 9; 11.

Ascolta il brano e scegli fra le espressioni sotto il testo, quelle che ti sembrano equivalenti, come significato, ai segnali discorsivi sottolineati.

- □ Allora, dai, la tua casa come va?
- ◇ Bene, benissimo…
- □ Eh (1)… A che punto sei?
- ◇ Cioè, abbastanza bene…
- □ A che punto sei?
- ◇ Dopo due anni, più o meno…
- □ No, dai, un anno e mezzo, eh (2), perché noi abbiamo iniziato insieme, non dirmi due anni, un anno e mezzo…
- ◇ Ah, sì! (3) primavera dell'anno scorso
- □ Eh! (4)
- ◇ Sì sì sì
- □ Va be', io ho iniziato forse un po' dopo, però comunque siamo lì…
- ◇ Sì
- □ Se no mi deprimo anch'io
- ◇ Ah! (5)… Perché a che punto sei tu, ti potrei chiedere, ma te lo chiedo dopo. Allora, eeh (6) … no, bene nel senso che abbiamo terminato il bagno e la cucina…
- □ Sì
- ◇ Nel senso cioè abbiamo fatto i rivestimenti delle… delle due stanze, del bagno e della cucina eeh (7) quindi piastrelle, fughe, ho già pulito...
- □ Le piastrelle di Faenza hai messo, poi?
- ◇ Sì, sì, sì abbiamo messo quelle. Tu le avevi viste?
- □ No, me le hai descritte, no, no. Erano verdi, no?
- ◇ Sì, sì.

A *sì, hai ragione, ora mi ricordo*
B *ecco, adesso sì che stai dicendo la verità*
C *sto seguendo il tuo discorso e mi fa piacere per te*
D *adesso capisco (anche tu hai lo stesso problema)*
E *ma cosa dici?! sii più precisa*
F *prendo tempo per organizzare il discorso (2 volte)*

Nello stesso brano compaiono molte volte le due piccole parole: *sì* e *no*. Dividi quelle che sono risposte effettive, affermative o negative, da quelle usate come segnali discorsivi, per confermare che si sta seguendo il discorso o per prendere il turno.

□ Allora, dai, la tua casa come va?

◇ Bene, benissimo…

□ Eh… A che punto sei?

◇ Cioè, abbastanza bene…

□ A che punto sei?

◇ Dopo due anni, più o meno…

□ No (1), dai, un anno e mezzo, eh, perché noi abbiamo iniziato insieme, non dirmi due anni, un anno e mezzo…

◇ Ah, sì! (2) primavera dell'anno scorso

□ Eh!

◇ Sì sì sì (3)

□ Va be', io ho iniziato forse un po' dopo, però comunque siamo lì…

◇ Sì (4)

□ Se no mi deprimo anch'io

◇ Ah! Perché a che punto sei tu, ti potrei chiedere, ma te lo chiedo dopo. Allora, eeh… no (5), bene nel senso che abbiamo terminato il bagno e la cucina…

□ Sì (6)

◇ Nel senso cioè abbiamo fatto i rivestimenti delle… delle due stanze, del bagno e della cucina eeh quindi piastrelle, fughe, ho già pulito...

□ Le piastrelle di Faenza hai messo, poi?

◇ Sì, sì, sì (7) abbiamo messo quelle. Tu le avevi viste?

□ No (8), me le hai descritte, no, no (9). Erano verdi, no (10)?

◇ Sì, sì. (11)

44. Enfatizziamo

Proporre l'attività qualche lezione dopo aver fatto ascoltare il brano dell'attività ***Eh?*** (traccia n° 86) in modo che lo studente possa concentrarsi sulla pronuncia e non sulla comprensione.

Obiettivo *Riconoscimento enfasi*
Abilità *R*
Modalità *Individuale e coppie*
Materiale *1 Scheda per ogni studente*
CD 87

Istruzioni

- Comunicare agli studenti che faranno un'attività di fonetica che riguarda la musicalità della lingua, in particolare verrà affrontato il tema dell'enfasi ovvero della maggior forza accentuale che alcune sillabe hanno rispetto alle altre di uno stesso enunciato.
- Dire agli studenti che si tratta di tre domande e per ogni domanda dovranno individuare qual è la parola che ha l'enfasi. Procedere ad un primo ascolto della traccia n° 87.
- Confronto a coppie.
- Consegnare ad ogni studente una fotocopia della Scheda. Gli studenti, individualmente o in coppia, svolgono la consegna.
- Procedere ad un controllo in plenum.

Soluzioni

- *Parole con enfasi:* A) tu; B) Faenza; C) Tu/viste.
- *Risposte appropriate:* A) 2; B) 1; C) 2.

In ogni domanda evidenzia quale parola ha l'enfasi, cioè quale parola è più forte rispetto alle altre; poi scegli la risposta appropriata.

A) *A che punto sei tu?*

1) Ho già finito ☐
2) Rispetto a te io sono molto più indietro ☐

B) *Le piastrelle di Faenza hai messo, poi?*

1) Abbiamo messo quelle ☐
2) Sì, sì le abbiamo messe ☐

C) *Tu le avevi viste?*

1) Sì, ieri ☐
2) No, a me non le hai fatte vedere ☐

45. Concludiamo o continuiamo?

Obiettivo *Riconoscimento di frasi conclusive e continuative*
Abilità *R*
Modalità *Individuale e coppie*
Materiale *Una Scheda per ogni studente*
CD 88

Istruzioni

- Comunicare agli studenti che faranno un'attività di fonetica che riguarda la musicalità della lingua, in particolare verranno presentati due tipi di frase:

  quelle *conclusive* (il parlante comunica che ha terminato di parlare)

  quelle *continuative* (il parlante comunica che non ha terminato di parlare)

- Procedere ad un primo ascolto della traccia n° 88 con la consegna di cercare di capire per ogni frase se è *continuativa* o *conclusiva.* Possono segnare su un foglio il numero della frase e segnare . (punto) in caso di *frase conclusiva* e ... (punti di sospensione) nel caso di *frase continuativa.*

- Confronto a coppie.

- Consegnare ad ogni studente una fotocopia della Scheda. Gli studenti, individualmente o in coppia, svolgono la consegna.

- Procedere ad un controllo in plenum.

Soluzioni

- *conclusive:* 1; 3; 5; 7; 8.
- *continuative:* 2; 4; 6.

Ascolta le frasi e cerca di capire se nella parte finale l'intonazione è *conclusiva* (la persona che parla indica che ha concluso la comunicazione) o *continuativa* (la persona che parla indica che ha ancora qualcosa da dire, non ha ancora finito di parlare).

1. no, bene nel senso che abbiamo terminato il bagno e la cucina

2. ...abbiamo fatto i rivestimenti delle ...delle due stanze, del bagno e della cucina eeh... quindi piastrelle, fughe ...ho già pulito

3. sono delle sfumature, delle tonalità di verde diverse

4. c'è questa vasca grande, doccia grande

5. no, stiamo usando il bagno di sopra

6. nel senso ...piastrelle, il top della cucina, il piano di lavoro, elettrodomestici

7. però purtroppo funziona solamente il forno

8. i lavori grossi sono imbiancare e mettere il parquet

Esercizi di autoapprendimento

CD 89 **1.1. Alcune delle frasi qui sotto riportate sono domande e altre risposte. Ascolta attentamente e metti un punto fermo o un punto interrogativo a seconda che la frase sia una domanda o una risposta**

1. Sei italiana
2. C'è il sole
3. Carlo legge
4. Parte domani mattina
5. Vanno al cinema
6. Parla il russo
7. Mangia molto
8. La fa Marco, la spesa

CD 90 **1.2. Ora riascolta le stesse frasi, ma inserite in minidialoghi. Cerca di capire da quello che senti se hai fatto correttamente l'esercizio 1.1.**

CD 91 **2.1. Leggi le frasi, controlla se sono domande o affermazioni e poi pronunciale con la corretta intonazione. Hai 5 secondi per pronunciarle. Poi sentirai la voce di un italiano che le pronuncia. Potrai controllare così se le hai pronunciate bene.**

1. Sei malato.
2. Piove?
3. Carlo beve vino?
4. Torna venerdì sera
5. Escono.
6. Tornano alle 6?
7. Capisce bene il francese.
8. Lo porto io il vino?
9. Domani ci sono gli esami?
10. Quando parte
11. Quando arrivate?
12. Come mi hai detto.
13. Chi lo farà?
14. Dove andrai ad agosto?
15. Perché non viene.
16. Quanto costa?
17. Chi vuole uscire
18. Come dici?
19. Quando puoi.
20. Dove vuoi
21. Perché fai quella faccia?
22. Quanto ci vuole.

3.1. Ascolta queste frasi e metti la giusta punteggiatura.

CD 92

. = la frase è conclusiva
? = la frase è interrogativa
! = la frase è enfatica
... = la frase è sospensiva

Dal parrucchiere

1. No, questo colore non mi piace____
2. Dai_____ Facciamolo un po' più chiaro_____
3. Va bene____
4. Le piace_____
5. Mah veramente_____
6. Non ci sono abituata____
7. Mamma mia____
8. Un po' più corti____
9. Ma no, va bene così_____

Al ristorante

1. Cameriere_____ Senta____
2. Questo coltello non taglia______
3. Me ne porterebbe un altro______
4. Vi porto la tagliata______
5. Sì, benissimo______
6. Dovremmo finire entro le 8______
7. Che ne dice, ce la facciamo______
8. Sì, certo______

Soluzioni degli esercizi di autoapprendimento

Capitolo 1 - Rapporto pronuncia-grafia e simboli IPA

Esercizio 1

1.2 - scia, scio, sciu, sci, sce = [ʃ]; cia, cio, ciu, ci, ce = [ʧ]; ca, co, cu, chi, che = [k]; gia, gio, giu, gi, ge = [ʤ]; ga, go, gu, ghi, ghe = [g]; gna, gno, gnu, gni, gne = [ɲ]; glia, glio, gliu, gli, glie = [ʎ].

1.3 - 1. cascina; 2. ciliegio; 3. giglio; 4. nocciolo; 5. giaggiolo; 6. faggio; 7. tiglio; 8. maglione; 9. margherita; 10. calla; 11. begonia; 12. ghiande; 13. querce; 14. biancospino; 15. vaniglia.

Esercizio 2

2.1 - 1. orchidea; 2. ibisco; 3. legna; 4. concime; 5. giardino; 6. botanico; 7. giardiniere; 8. boschi; 9. cocco; 10. salice; 11. cacao; 12. felci; 13. narcisi; 14. geranio; 15. foglie.

Esercizio 3

3.1 - 1. [k]; 2. [ʧ]; 3. [ʎ]; 4. [n]; 5. [ʤ]; 6. [sk]; 7. [ɲ]; 8. [g]; 9. [ʃ]; 10. [l].

Esercizio 4

4.1 - 1. [ɲ]; 2.[ʧ]; 3. [sk]; 4. [n]; 5. [ʤ]; 6. [ʃ]; 7. [g]; 8. [ʎ]; 9. [k]; 10. [l].

Capitolo 2 - Doppie

Esercizio 1

1.1 - 1. la rabbia; 2. Bacco; 3. cade; 4. sbaffo; 5. mogio; 6. frigo; 7. pala; 8. gemme; 9. canne; 10. cappello; 11. caro; 12. rossa; 13. ditta; 14. piovve.

Esercizio 2

2.1 - 1. cubo - du**bb**io; 2. co**cc**o - poco; 3. rada - A**dd**a; 4. gufo - bu**ff**o; 5. tra**gg**o - mago; 6. male - sta**ll**e; 7. le**mm**e - seme; 8. cono - to**nn**o 9. capo - ta**pp**o; 10. co**rr**o - toro; 11. caso - ma**ss**o; 12. le**tt**o - veto; 13. covo - o**vv**i.

Esercizio 3

1. Tentar non **nuoce**. 2. Non c'è **rosa** senza spine. 3. Can che **abbaia** non morde. 4. L'amore è **cieco**. 5. Le bugie **hanno** le gambe corte. 6. Chi ben comincia è a **metà** dell'opera. 7. Una rondine non fa **primavera**. 8. Meglio un **uovo** oggi che una **gallina** domani. 9. Il **diavolo** fa le pentole ma non i coperchi.

Capitolo 3 - Suoni a confronto

Esercizio 1

1.2 - 1. cavallo; 2. aviatore; 3. ambo; 4. cambiale; 5. ovale; 6. veleno; 7. tombola; 8 abete; 9. svitare; 10. evento; 11. arrivo; 12. bisogno; 13. sgabello; 14. sviluppo; 15. bendare.

Esercizio 2

2.2. - 1. carati; 2. elegante; 3. elogio; 4. arido; 5. elemento; 6. articolo; 7. paracadute; 8. porzione; 9. briglia; 10. carciofo; 11. calma; 12. blando; 13. fronte; 14. palese; 15. periodo.

Esercizio 3

3.2. - 1. [ts]; 2. [ʧ]; 3. [ts]; 4. [ʧ]; 5. [ʧ]; 6. [ts]; 7. [ts]; 8. [ʧ]; 9. [ts]; 10. [ʧ].

3.4. - 1. canzone; 2. acino; 3. emozione; 4. cesto; 5. cintura; 6. azionare; 7. frazione; 8. cimelio; 9. bellezza; 10. vicini.

Esercizio 4

4.2. - 1. [s]; 2. [z]; 3. [s]; 4. [s]; 5. [s]; 6. [z]; 7. [z]; 8. [s]; 9. [s]; 10. [s]; 11. [z]; 12. [z]; 13. [s]; 14. [s]; 15. [s].

Esercizio 5

5.2. - 1. am**b**iente; 2. **b**attuta; 3. **p**arete; 4. s**p**ecchio; 5. **b**adile; 6. **p**ala; 7. tu**b**i; 8. **p**avimento; 9. **p**adre; 10. com**b**inazione; 11. ci**b**o; 12. **p**iatto; 13. tal**p**a; 14. **p**itone; 15. conta**b**ile.

Esercizio 6

6.2. - 1. ruvido; 2. rafano; 3. tavolata; 4. sformato; 5. tartufo; 6. tovaglia; 7. riflesso; 8. invito; 9. ravioli; 10. devoto; 11. civetta; 12. anfora; 13. alcova; 14. cavillo; 15. serafico.

Esercizio 7

7.2. - 1. rete; 2. potere; 3. cadere; 4. padrino; 5. petrolio; 6. fotone; 7. atomo; 8. fodera; 9. ciotola; 10. creatura; 11. moda; 12. coda; 13. foto; 14. odiare; 15. stima.

Capitolo 4 - Vocali

Esercizio 1

1.1 - 1. salata; 2. sere; 3. molo; 4. lividi; 5. venete; 6. guru; 7. lirici; 8. stelle; 9. toro; 10. vitigni; 11. giocoso; 12. casa; 13. celle; 14. vili; 15. pomodoro.

Esercizio 2

2.1 - 1. Europa; 2. eucalipto; 3. flauto; 4. auto; 5. leale; 6. auguri; 7. paura.

Esercizio 3

3.1 - Polenta / Montagna gialla / gran vulcano di grano / gran forma molle / cotta piano / lago che fuma / con piste d'assaggio / con fili di formaggio / bell'isola rovente / con porti di forchette / compatto orizzonte fatto a fette / collina calda pronta a chi l'addenta / e scossa trema e pure resta salda: / signori, la polenta.

Esercizio 4

4.1 - Bruco / Negli orti di Gubbio / all'ombra di un umbro / sambuco c'è un bruco / senz'ombra di dubbio / colore dell'ambra / o forse lo sembra.

Esercizio 5

5.2 - 1. calore colore celere; 2. amore amaro umore; 3. firmare fermare formare; 4. banana banane benino; 5. volare volere valore; 6. cantare contare cantore; 7. solare salare salire; 8. ridere radere ridare.

Capitolo 5 - Accento e unione di sillabe

Esercizio 1

1.1 - 1. ne; 2. si; 3. da; 4. se; 5. lì; 6. né, né; 7. e; 8. sì; li; 9. è; 10. sé; 11. dà.

Esercizio 2

2.1. - 1. gonna; 2. pelliccia; 3. maglione; 4. abito; 5. vestito ; 6. cappotto; 7. calzini; 8. cravatta; 9. camicia; 10. camicetta; 11. maglia; 12. maglietta; 13. soprabito; 14. canottiera; 15. sandali.

Esercizio 3

3.1. - 1. mele; 2. fragole; 3. carciofi; 4. banane; 5. albicocche; 6. caffè; 7. basilico; 8. rucola; 9. cocomeri; 10. meloni; 11. mandorle; 12. peperoni; 13. zucchine; 14. mandarino; 15. datteri.

Esercizio 4

4.1. - 1. parlano; 2. parlavamo; 3. parliamo; 4. parlavano; 5. parlate; 6. parlavate; 7. parlavi; 8. leggono; 9. leggevamo; 10. leggiamo; 11. leggevano; 12. leggete; 13. leggevate; 14. leggevi; 15. dormono; 16. dormiamo; 17. dormivano; 18. dormivate; 19. dormite; 20. dormivamo; 21. dormivi.

Esercizio 5

5.1. -

	1 M	E	T	À						2 À		3 C
	E							4 V		M		À
	T							E		B		P
5 S	A	R	6 À			7 V	È	S	T	I	T	I
A			N					T		T		T
R			C		8 A	M	B	Ì	T	O		A
A			O		N			T				N
			R		9 C	A	10 P	I	T	À	N	O
		11 F	A	R	O		A					
		A			R		12 P	A	P	À		
		R			A		A					
		O										

Esercizio 6

6.1. - Lucio; Lucia; Mario; Maria; Stefano; Stefania.

Capitolo 6 - Intonazione ed enfasi

Esercizio 1

1.1. - 1. Sei italiana? / 2. C'è il sole. / 3. Carlo legge? / 4. Parte domani mattina. / 5. Vanno al cinema. / 6. Parla il russo? / 7. Mangia molto? / 8. La fa Marco la spesa.

Esercizio 3

3.1. - **Dal parrucchiere:** 1. No, questo colore non mi piace! / 2. Dai! Facciamolo un po' più chiaro! / 3. Va bene? 4. Le piace? / 5. Mah veramente... / 6. Non ci sono abituata. / 7. Mamma mia! / 8. Un po' più corti? / 9. Ma no, va bene così. **Al ristorante:** 1. Cameriere... Senta... / 2. Questo coltello non taglia. / 3. Me ne porterebbe un altro? / 4. Vi porto la tagliata? / 5. Sì, benissimo! / 6. Dovremmo finire entro le 8... / 7. Che ne dice, ce la facciamo? / 8. Si, certo!

Alma Edizioni
Italiano per stranieri

Espresso è un corso di lingua italiana per stranieri diviso in tre livelli:

- **Espresso 1** (principiante)
- **Espresso 2** (intermedio)
- **Espresso 3** (avanzato)

Si basa su principi metodologici moderni e innovativi, grazie ai quali lo studente viene messo in grado di comunicare subito con facilità e sicurezza nelle situazioni reali.

Propone attività altamente motivanti, centrate sull'autenticità delle situazioni, sulla varietà e sull'interazione nella classe.

Allo stesso tempo non trascura lo studio delle regole né la sistematizzazione e il rinforzo dei concetti appresi.

Ogni livello è composto da:

- un **libro**
- un **CD audio**
- una **guida per l'insegnante**

Il corso è completato da:

- ❑ 3 libretti di **esercizi supplementari**
- ❑ un libro di **attività e giochi** per la classe
- ❑ una **grammatica**

www.almaedizioni.it